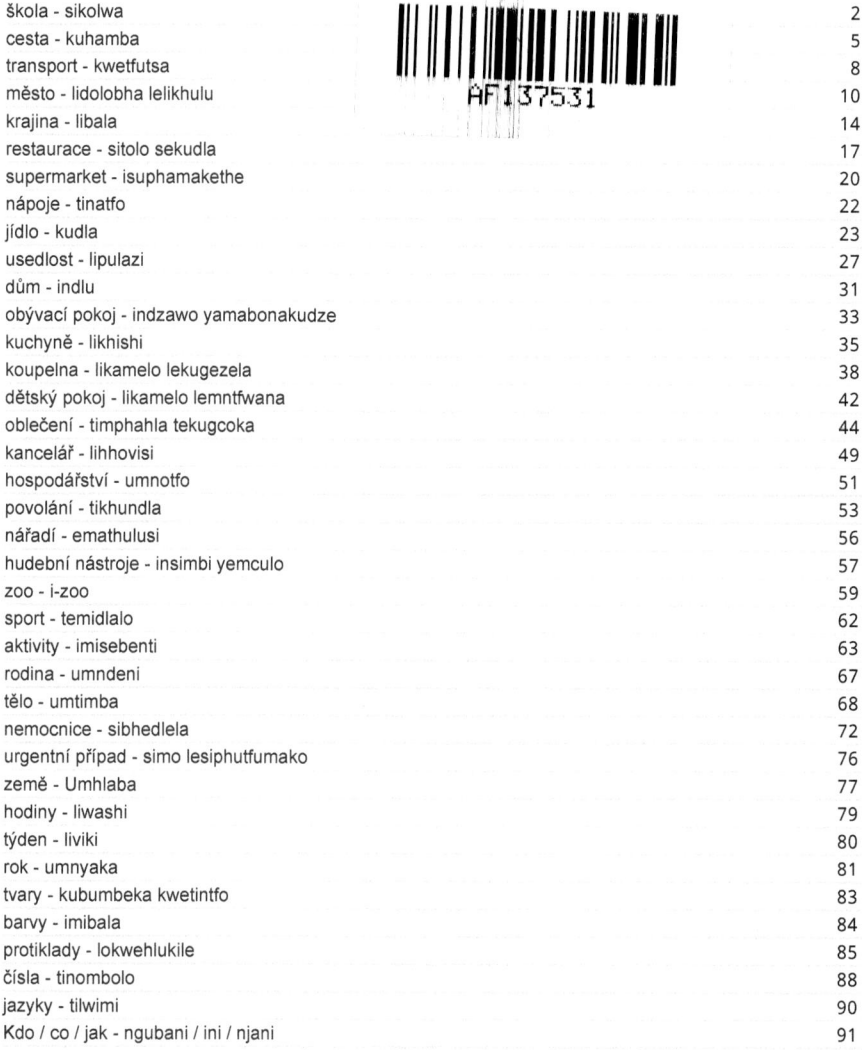

Impressum
Verlag: BABADADA GmbH, Nedderfeld 112 , 22529 Hamburg
Geschäftsführer / Verlagsleitung: Harald Hof
Druck: Books on Demand GmbH, In de Tarpen 42, 22848 Norderstedt

Imprint
Publisher: BABADADA GmbH, Nedderfeld 112 , 22529 Hamburg, Germany
Managing Director / Publishing direction: Harald Hof
Print: Books on Demand GmbH, In de Tarpen 42, 22848 Norderstedt

škola
sikolwa

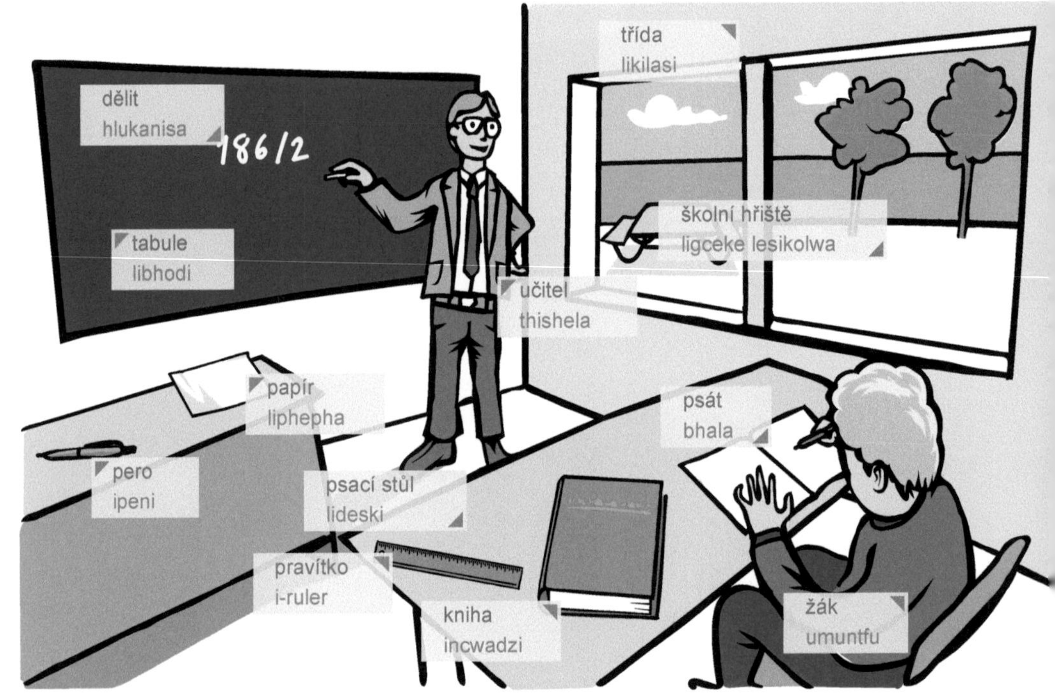
třída
likilasi
dělit
hlukanisa
186/2
tabule
libhodi
školní hřiště
ligceke lesikolwa
učitel
thishela
papír
liphepha
psát
bhala
pero
ipeni
psací stůl
lideski
pravítko
i-ruler
kniha
incwadzi
žák
umuntfu

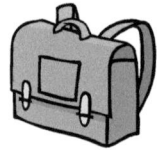

aktovka

sikhwama setincwadzi tesikolwa

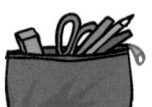

penál

sikhwanyana semapenisela

tužka

ipenisela

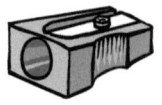

ořezávátko

umshini wekulolo ipenisela

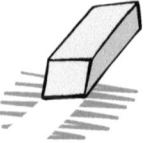

guma

i-rubber

blok na kreslení

intfo yekudvweba

výkres

umdvwebo

štětec

libhulashi lekupenda

malířské potřeby

libhokisi lekupenda

nůžky

tikelo

lepidlo

i-glue

cvičebnice

incwadzi yekutadisha

domácí úkol

umsebenti wasekhaya

počet

inombolo

sčítat

hlanganisa

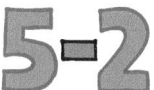

odčítat

susa

násobit

phindzaphidza

počítat

bala

písmeno

incwadzi

abeceda

feleba

slovo

ligama

text
....
umbhalo

číst
....
fundza

křída
....
ishogo

hodina
....
sifundvo

třídní kniha
....
i-register

zkouška
....
sivivinyo sekugcina

vysvědčení
....
sitifiketi

školní uniforma
....
timphahla tesikolwa

vzdělání
....
imfundvo

encyklopedie
....
i-ensaklopheda

univerzita
....
inyuvesi

mikroskop
....
sipopolo

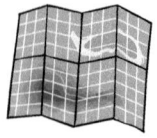

karta
....
libalave

odpadkový koš na papír
....
libhakede lekulahla
emaphepha

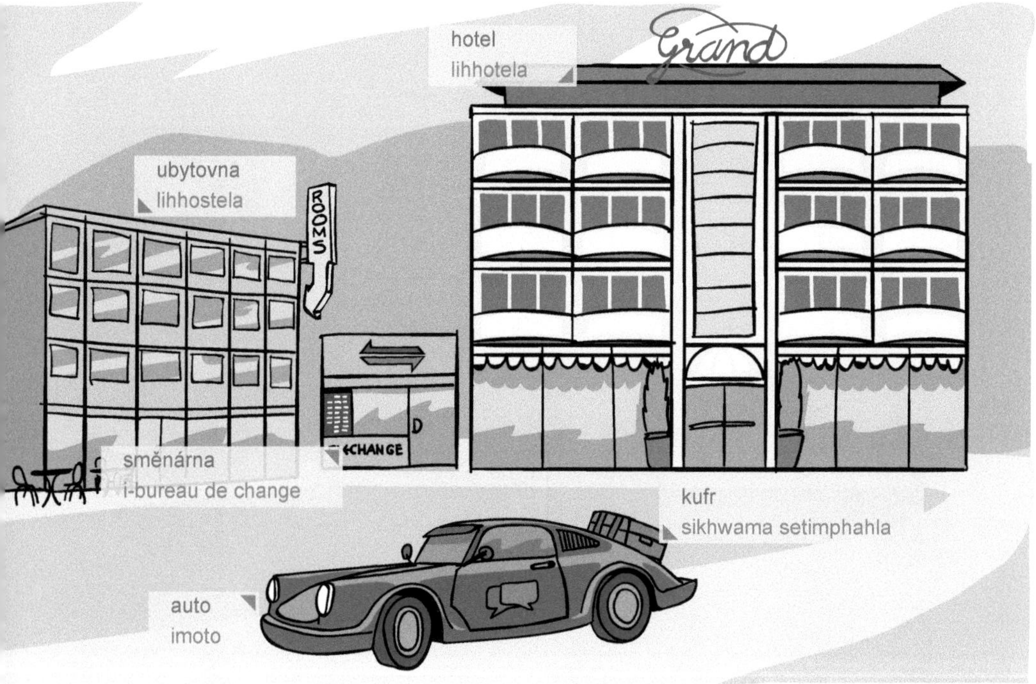

hotel
lihhotela
Grand
ubytovna
lihhostela
ROOMS
EXCHANGE
směnárna
i-bureau de change
kufr
sikhwama setimphahla
auto
imoto

jazyk

lulwimi

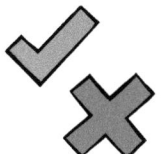

ano / ne

yebo / cha

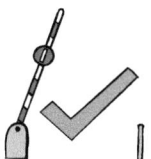

oukej

Kulungile

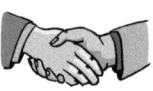

Ahoj!

sawubona

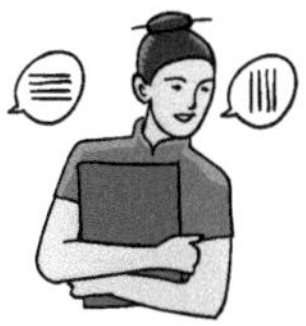

překladatel

umhumushi

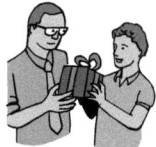

děkuji

Siyabonga

Kolik stojí...?

ingumalini i....?

nerozumím

angivisisi kahle

problém

inkinga

Dobrý večer!

Lishonile!

Dobré ráno!

Kusile!

Dobrou noc!

Ulale kahle!

na shledanou

sala kahle

směr

sicondziso

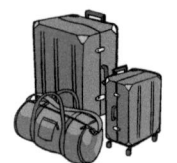

zavazadlo

umtfwalo

taška

sikhwama

batoh

sikhwama lesigacwako

host

sivakashi

pokoj

likamelo

spací pytel

sikhwama sekulala

stan

lithende

turistické informace

iminingwane yetivakashi

pláž

ibhishi

kreditní karta

likhadi lemali

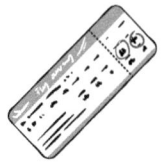

snídaně

kudla kwasekuseni

oběd

kudla kwasemini

večeře

kudla kwantsambama

jízdenka

lithikithi

výtah

i-lift

poštovní známka

sitembu

hranice

umcele

clo

emakhasimende

poselství

i-embasi

vízum

i-visa

pas

ipasipoti

transport
kwetfutsa

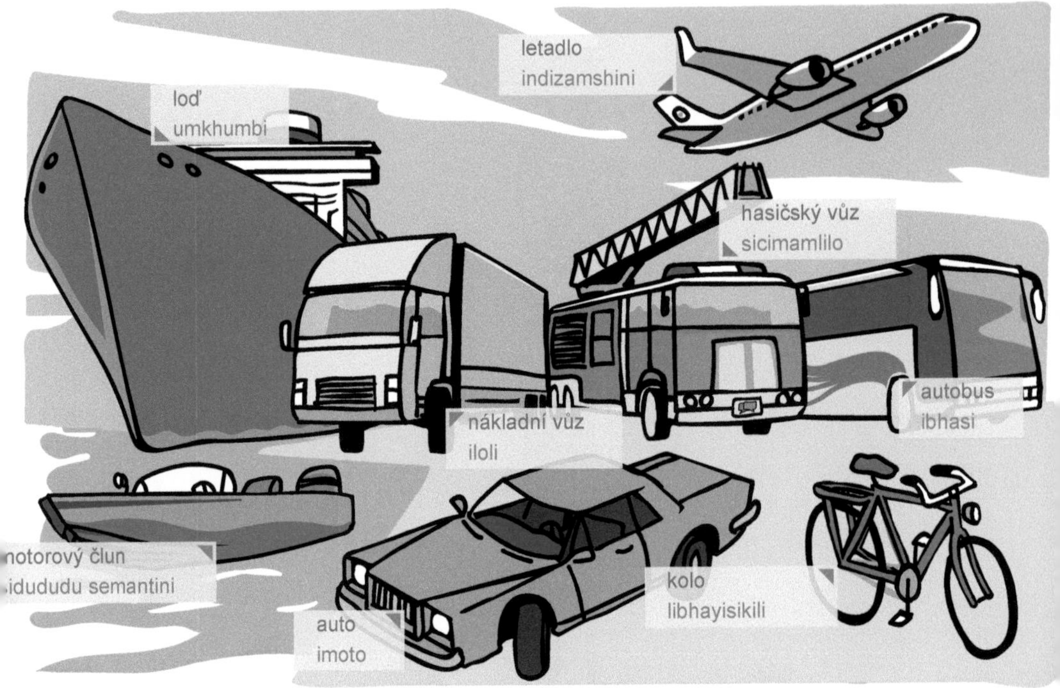
letadlo
indizamshini
loď
umkhumbi
hasičský vůz
sicimamlilo
nákladní vůz
iloli
autobus
ibhasi
otorový člun
idududu semantini
kolo
libhayisikili
auto
imoto

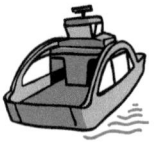

přívoz
i-ferry

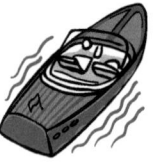

člun
sikebhe

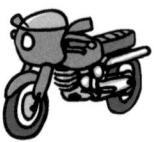

motorka
sidududu

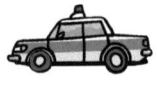

policejní auto
imoto yemaphoyisa

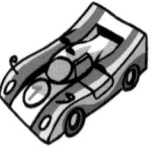

závodní auto
imoto yemjaho

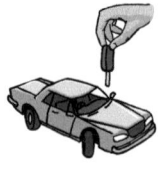

pronajaté auto
imoto yekucashisa

sdílení aut
kubolekana imoto

odtahová služba
i-breadown

popelářský vůz
iloli yetibi

motor
imoto

palivo
phethiloli

čerpací stanice
ligalaji laphethiloli

dopravní značka
luphawu lwemgwaco

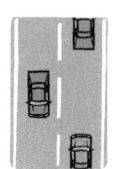

doprava
incumbi yetimoto

dopravní zácpa
incumbi yetimoto letime
emngwacweni

parkoviště
ipaki yemoto

vlakové nádraží
siteshi sesitimela

koleje
imizila

vlak
sitimela

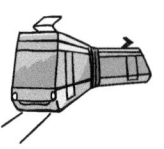

tramvaj
i-tram

vagón
inkalishi

helikoptéra

indiza lenaphephela
emhlane

letiště

sikhungo setindiza

věž

imoto yekudvonsa
letibhajiwe

pasažér

bagibeli

kontejner

intfo yekutfwala

kartón

likhathoni

trakař

i-cart

koš

bhasikidi

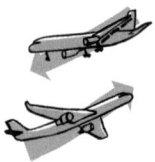

vzlétnout / přistát

kusuka / kwehla

město

lidolobha lelikhulu

vesnice

umuti

střed města

ekhatsi nelidolobha

dům

indlu

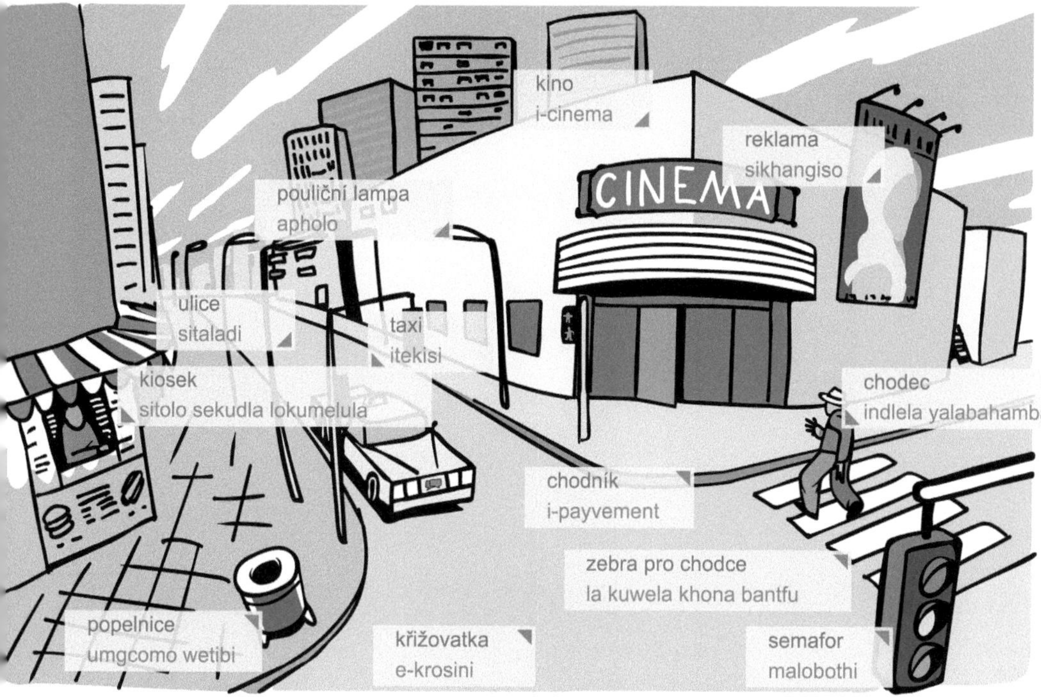
kino
i-cinema
CINEMA
reklama
sikhangiso
pouliční lampa
apholo
ulice
sitaladi
taxi
itekisi
kiosek
sitolo sekudla lokumelula
chodec
indlela yalabahamba
chodník
i-payvement
zebra pro chodce
la kuwela khona bantfu
popelnice
umgcomo wetibi
křižovatka
e-krosini
semafor
malobothi

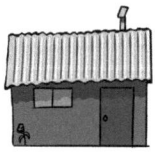

chata

gucasthandaze

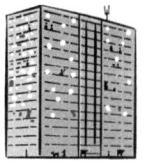

byt

lifulethi

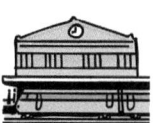

vlakové nádraží

siteshi sesitimela

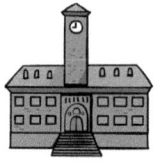

radnice

lihholwa lasedolobheni

MUSEUM

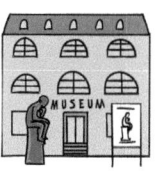

muzeum

imnyusiyamu

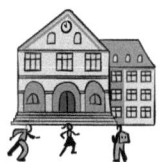

škola

sikolwa

univerzita

inyuvesi

banka

libhange

nemocnice

sibhedlela

hotel

lihhotela

lékárna

ikhemisi

kancelář

lihhovisi

knihkupectví

sitolo setincwadzi

obchod

sitolo

květinářství

lotsengisa timbali

supermarket

isuphamakethe

tržnice

imakethe

obchodní dům

litiko letitolo

rybárna

batsengisi betimfishi

nákupní centrum

luchungechuge lwetitolo

přístav

sikhungo

park

lipaki

lavička

libhentji

most

libhuloho

schody

titezi

metro

ngephansi kwemhlaba

tunel

umhume

autobusová zastávka

siteshi sebhasi

bar

sitolo setjwala

restaurace

sitolo sekudla

poštovní schránka

libhokisi leliposi

pouliční tabule

luphawu lwemgwaco

parkovací hodiny

umshini lobala sikhatsi sekupaka

zoo

i-zoo

plovárna

i-swimming pool

mešita

lisontfo lemasulumane

usedlost
lipulazi

znečišťování životního prostředí
kugcolisa umoya

hřbitov
emathuna

církev
lisontfo

hřiště
inkhundla yetemidlalo

chrám
lithempeli

krajina

libala

list
licembe

rozcestník
luphawu lwemgwaco

cesta
indlela

louka
umshiya

kámen
litje

turista
lohamba indlela lendze ngetinyawo

strom
sihlahla

řeka
umfula

tráva
tjani

květina
imbali

údolí

sihosha

hora

ligcuma

jezero

lidanyana

les

lihlatsi

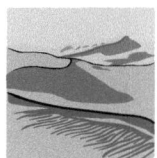

poušť

lihlane

sopka

intsabamlilo

zámek

umhlambi wetinkhomo

duha

umushi wenkhosatane

houba

likhowa

palma

sihlahla semphayini

komár

imbuzulwane

moucha

kundiza

mravenec

intfutfwane

včela

inyosi

pavouk

sayobi

brouk

inkhubabulongo

žába

sicoco

veverka

chakijane

ježek

ingungumbane

zajíc

lolunye luhlobo lwalogwaja

sova

sikhova

pták

inyoni

labuť

i-swan

divoké prase

ingulube yesiganga

jelen

inyamatane

los

i-moose

přehrada

lidamu

větrné kolo

i-wind turbine

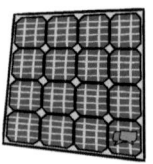

solární panel

i-solar panel

podnebí

simo selitulu

restaurace

sitolo sekudla

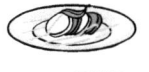

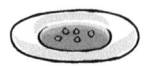

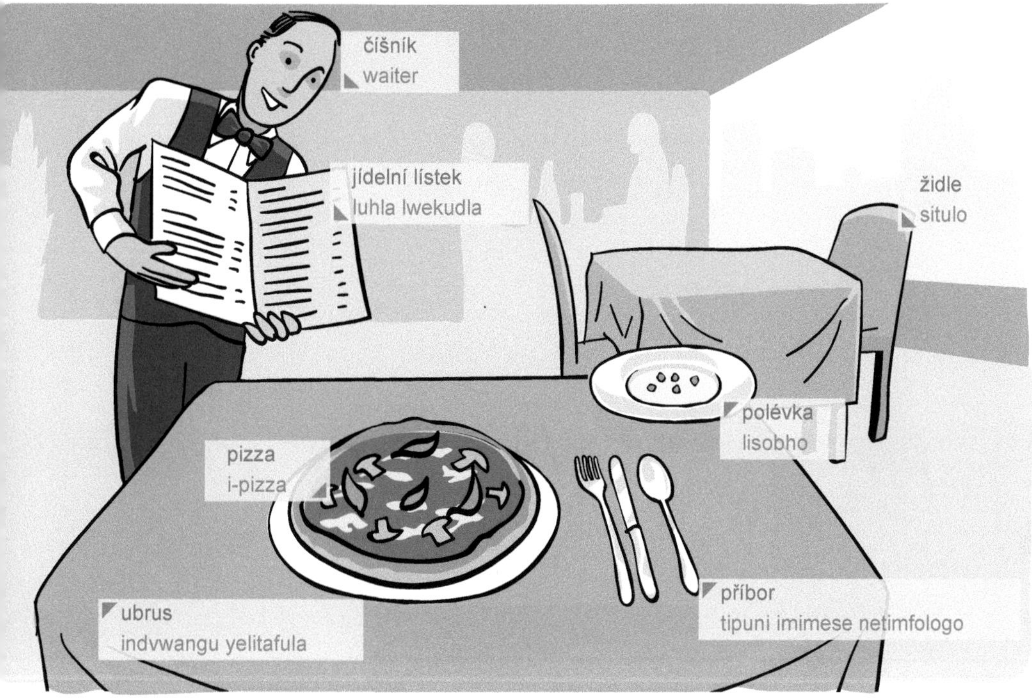
číšník
waiter
jídelní lístek
luhla lwekudla
židle
situlo
polévka
lisobho
pizza
i-pizza
příbor
tipuni imimese netimfologo
ubrus
indvwangu yelitafula

předkrm

kudla lokusicalo

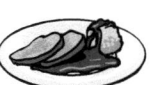

hlavní chod

kudla locinile

dezert

idizethi

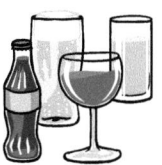

nápoje

tinatfo

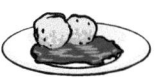

jídlo

kudla

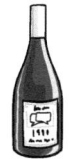

láhev

libhodlela

rychlé občerstvení

kudla lokusheshako

pouliční občerstvení

kudla kwasemngwacweni

čajová konvice

ligedlela lelitiye

cukřenka

indishi yashukela

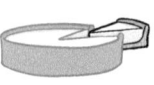

porce

incenye

kávovar na espresso

umshini we-espresso

dětská stolička

situlo lesiphakeme

faktura

ibhili

tác

li-tray

nůž

umukhwa

vidlička

imfologo

lžíce

sipuni

čajová lyžička

sipuni lesincane

ubrousek

ithishu yetandla

sklenička

ligilasi

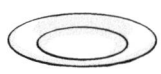

talíř

lipuleti

talíř na polévku

lipuleti lelisobho

podšálek

lipringi

omáčka

i-sauce

slánka

libhodvo lasawoti

mlýnek na pepř

i-pepper mill

ocet

niniga

olej

emafutsa awoyela

koření

tipayisi

kečup

i-ketchup

hořčice

i-mustard

majonéza

mayonasi

supermarket
isuphamakethe

nabídka
lokusendalini
FOR
zákazník
likhasimende
mléčné výrobky
indzawo yelubisi
ovoce
titselo
nákupní vozík
i-trolley

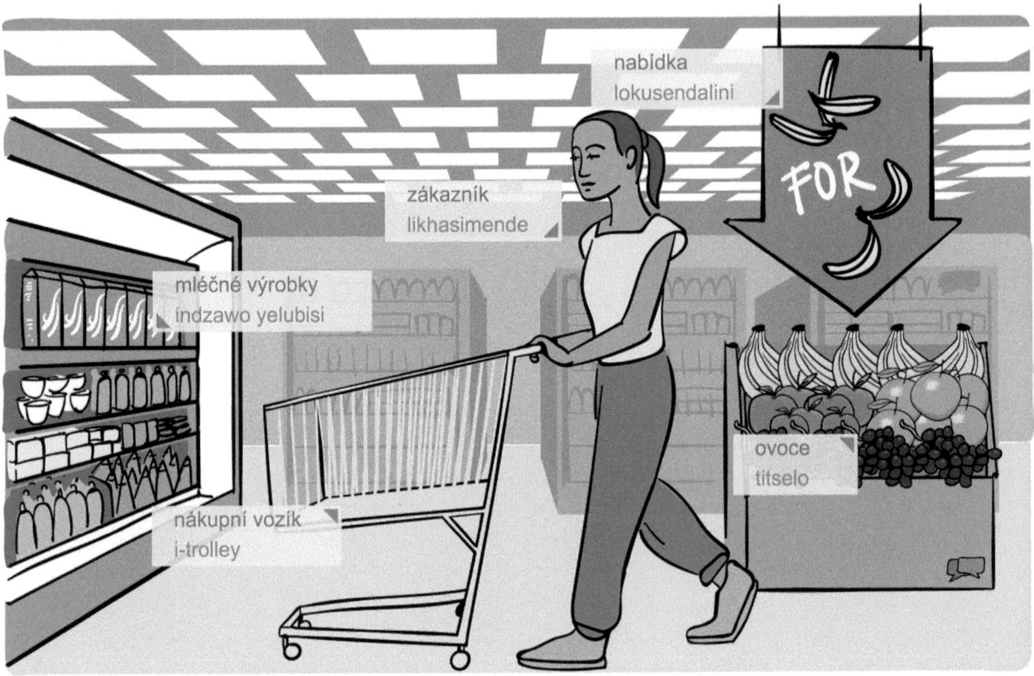

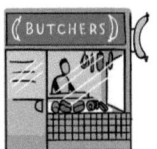

BUTCHERS

masna
ibhushari

BAKERY

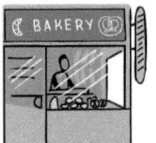

pekařství
i-baker

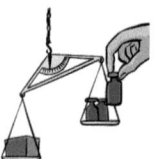

vážit
kala

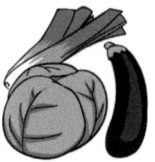

zelenina
tibhidvo

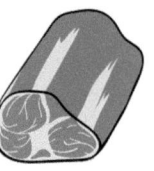

maso
inyama

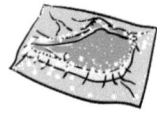

mražené potraviny
kudla lokucandzisiwe

obložený talíř

inyama lebandzako

konzervy

kudla likusemathinini

prací prášek

insipho yekuwasha

cukrovinky

emaswidi

výrobky pro domácnost

tintfo tasekhaya

čisticí prostředek

imitsi yekukolobha

prodavačka

umuntfu lotsengisako

pokladna

endzaweni yekubhadala

pokladní

umtsengisi

nákupní seznam

luhla lwetintfo tekutsengwa

otevírací doba

ema-awa ekuvula

peněženka

sipatji

kreditní karta

likhadi lemali

taška

sikhwama

igelitová taška

sikhwama seshekhasi

voda

emanti

džus

ijuzi

mléko

lubisi

kola

ikhokhi

víno

liwani

pivo

ibhiya

alkohol

tjwala

kakao

ikhokho

čaj

litiye

káva

likhofi

espresso

i-espresso

kapučíno

i-cappuccino

banán

bhanana

jablko

lihhabhula

pomeranč

liwolintji

meloun

melon

citrón

ilemoni

mrkev

emavondlela

česnek

galiki

bambus

i-bamboo

cibule

anyanisi

houba

emakhowa

ořechy

emantongomane

těstoviny

ema-noodles

špageti

sipageti

rýže

lilayisi

salát

isaladi

hranolky

emashibusi

americké brambory

emazambane lafrayiwe

pizza

i-pizza

hamburger

i-burger

sendvič

isengwishi

řízek

inyama lefulawe netimvitsi
tesinkhwa

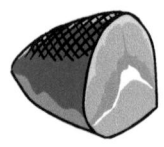

šunka

i-ham

salám

isalami

salám

livosi

kuře

inyama yenkhukhu

pečeně

lokufrayiwe

ryby

imfishi

ovesné vločky

i-oats

müsli

imusili

vločky

ema-cornflakes

mouka

fulawa

croissant

ema-croissant

houska

sinkhwa

chléb

sinkhwa

toast

linkhwa lesithosiwe

sušenky

emabhisikidi

máslo

bhotela

tvaroh

i-curd

buchta

likhekhe

vejce

emacandza

volské oko

emacandza lafulayiwe

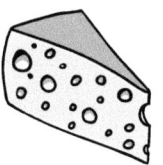

sýr

ishizi

zmrzlina

i-ice cream

cukr

shukela

med

luju

marmeláda

jamu

nugátový krém

shokolethi

kari

ikheri

usedlost
lipulazi

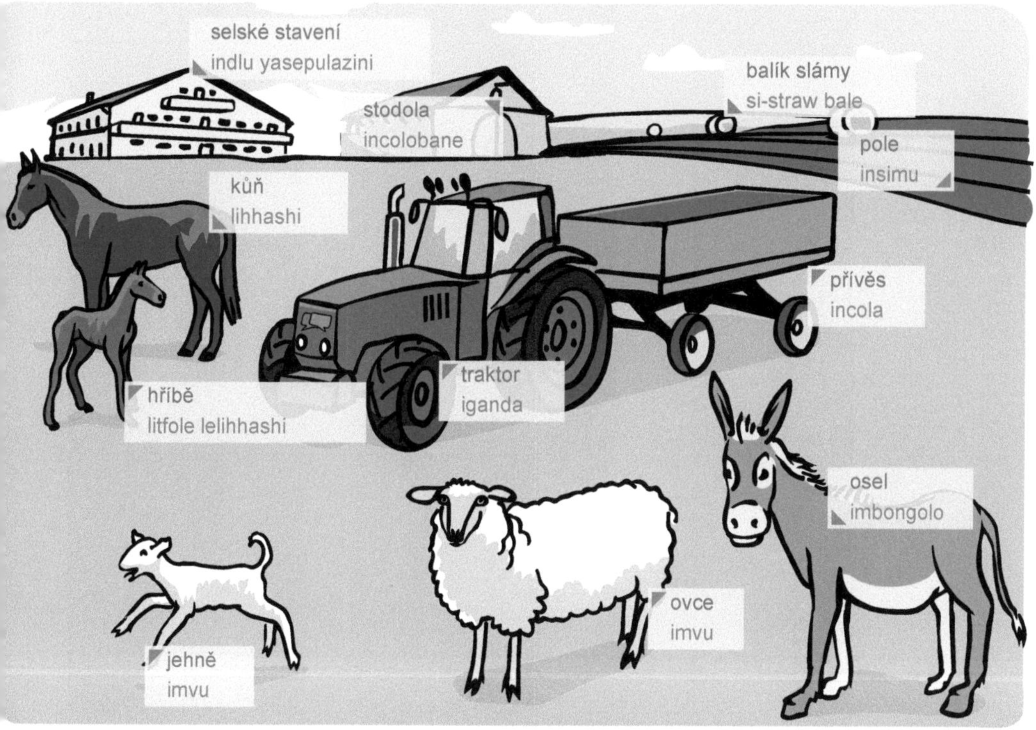
selské stavení
indlu yasepulazini
stodola
incolobane
balík slámy
si-straw bale
pole
insimu
kůň
lihhashi
přívěs
incola
hříbě
litfole lelihhashi
traktor
iganda
osel
imbongolo
ovce
imvu
jehně
imvu

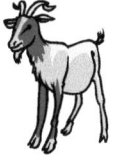

koza

imbuti

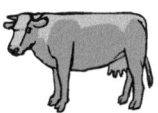

kráva

inkhomo

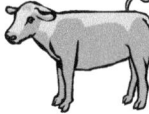

tele

litfole

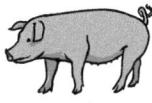

prase

ingulube

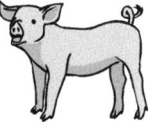

sele

ingulutjana

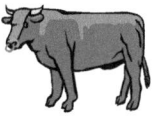

býk

inkhunzi

husa

lihansi

kachna

lidada

kuře

lintjwele

slepice

sikhukhukati

kohout

lichudze

krysa

ligundvwane

kočka

likati

myš

ligundvwane lelincane

vůl

inkhunzi

pes

inja

psí bouda

indlu yenja

zahradní hadice

liphayiphi lemanti
asengadzini

kropicí konev

libhakede lemanti

kosa

i-scythe

pluh

likhuba leganda

srp

lisikela

motyka

likhuba

vidle

imfologo yetjani

sekera

lizembe

kolecko

libhala

koryto

litrofula

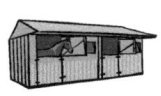

konev na mléko

iromkani

pytel

lisaka

plot

ifenisi

stáj

sitebele

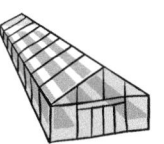

skleník

indlu leluhlata

půda

umhlabatsi

osivo

imbewu

hnojivo

sivundzisi

kombajn

bavuni

sklidit

vuna

sklizeň

sivuno

smldinec

i-yams

pšenice

likhula

sója

isoyi

brambora

lizambane

kukuřice

sibhuluja sembila

řepka

i-rapeseed

ovocný strom

sihlahla setitselo

maniok

bhatata

obilí

ema-cereals

komín
ishimela

střecha
luphahla

okap
emaphayiphi lahambisa emanti

okno
lifasitelo

garáž
ligalaji

zvonek
insimbi yemnyango

dveře
umnyango

popelnice
umgcomo wetibi

dopisní schránka
libhokisi leliposi

zahrada
ingadzi

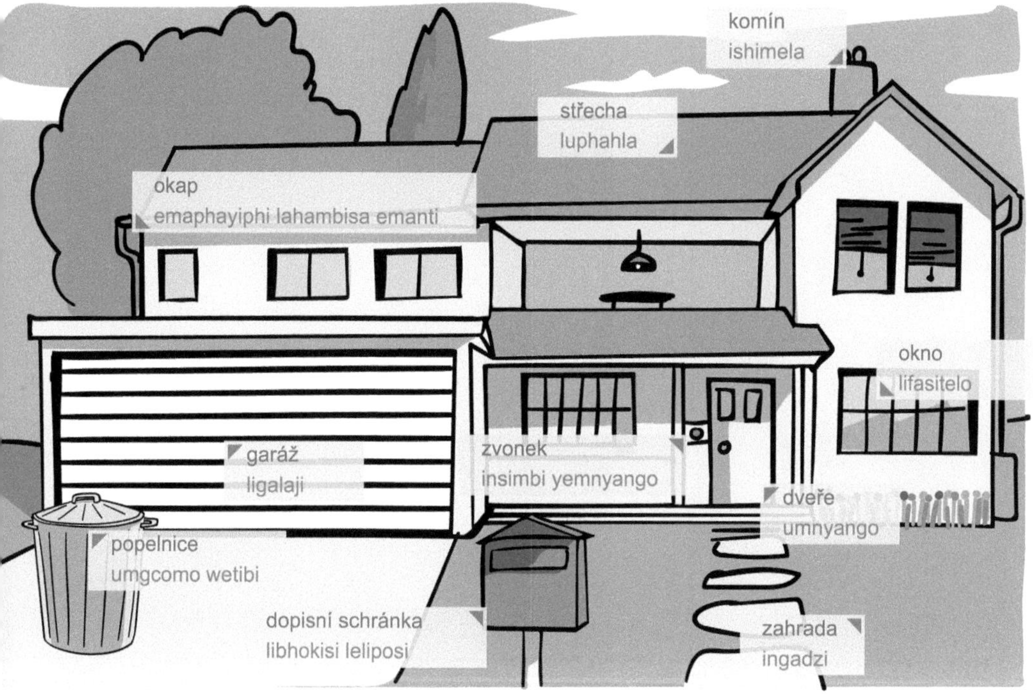

obývací pokoj

indzawo yamabonakudze

koupelna

likamelo lekugezela

kuchyně

likhishi

ložnice

likamelo

dětský pokoj

likamelo lemntfwana

jídelna

ligumbu lekudlela

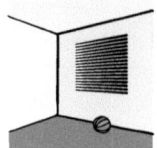

podlaha

siyilo

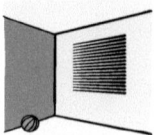

zeď

lubondza

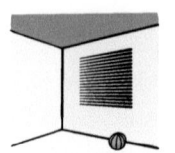

deka

isilingi

sklep

i-cellar

sauna

i-sauna

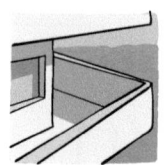

balkón

umpheme

terasa

libala

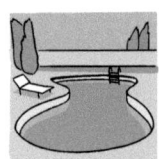

bazén

lidamu lekududa

sekačka na trávu

umshini wetjani

ložní prádlo

lishidi

lůžková přikrývka

ibhedspredi

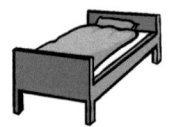

postel

umbhedze

smeták

umshanelo

kýbl

libhakede

vypínač

iswishi

obývací pokoj

indzawo yamabonakudze

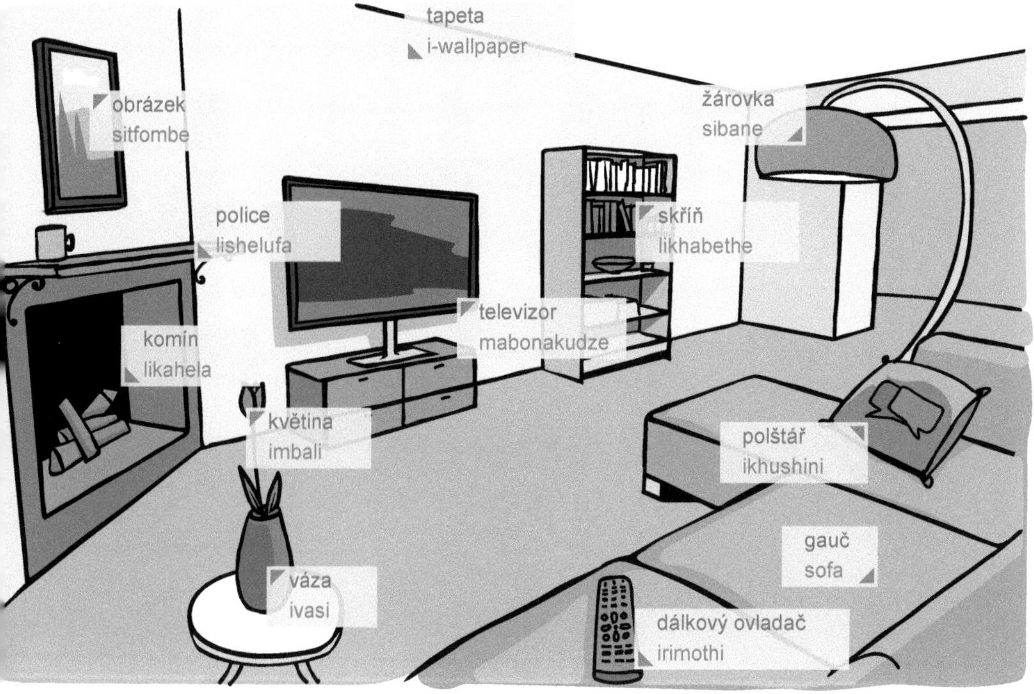

tapeta
i-wallpaper
obrázek
sitfombe
žárovka
sibane
police
lishelufa
skříň
likhabethe
televizor
mabonakudze
komín
likahela
květina
imbali
polštář
ikhushini
gauč
sofa
váza
ivasi
dálkový ovladač
irimothi

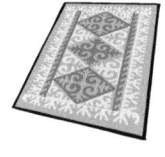

koberec

imadi yendlu

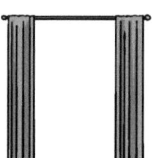

závěs

likhetheni

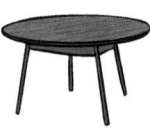

stůl

litafula

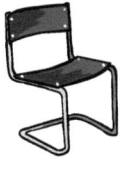

židle

situlo

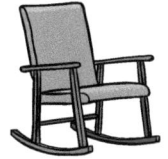

houpací křeslo

situlo sangephandle

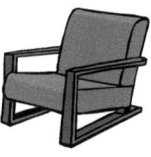

křeslo

situlosemikhono

kniha

incwadzi

strop

ingubo

ozdoba

umhlobiso

palivové dříví

tinkhuni tekubasa

film

lifilimu

stereo souprava

igumbagumba

klíč

tikhiya

noviny

liphephandzaba

malba

pende

plakát

likhadi laselubondzeni

rádio

iwayilensi

poznámkový blok

kwekutsa emaphuzu

vysavač

i-hoover

kaktus

sitjalo lokutsiwa yi-cactus

svíce

likhandlela

kuchyně
likhishi

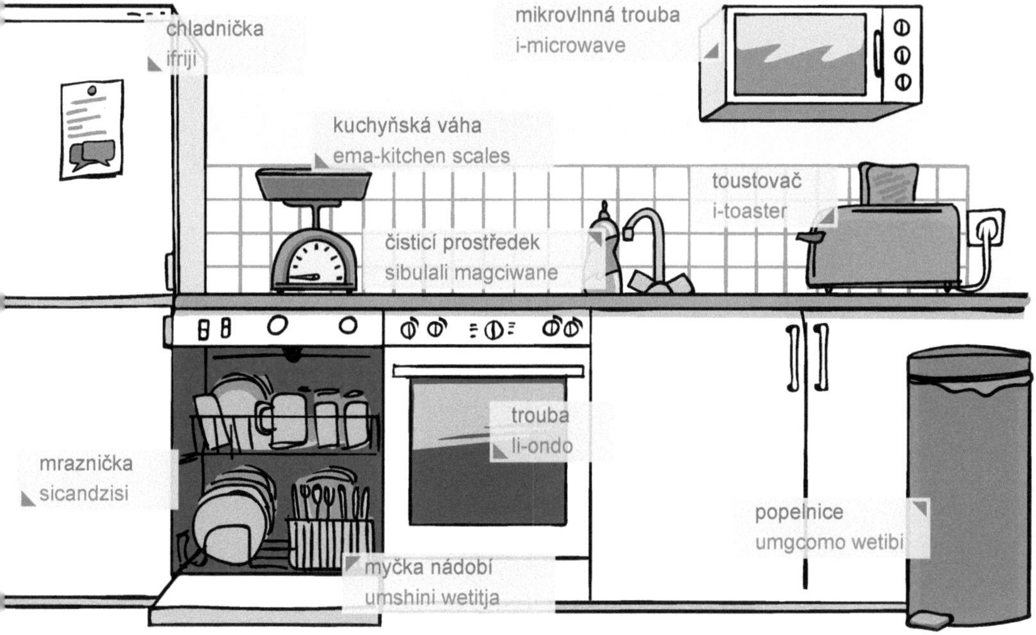
chladnička
ifriji
mikrovlnná trouba
i-microwave
kuchyňská váha
ema-kitchen scales
toustovač
i-toaster
čisticí prostředek
sibulali magciwane
trouba
li-ondo
mraznička
sicandzisi
popelnice
umgcomo wetibi
myčka nádobí
umshini wetitja

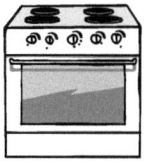

sporák
umpheki

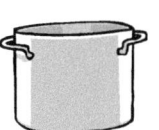

hrnec
libhodvo

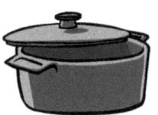

litinový hrnec
i-cast-iron pot

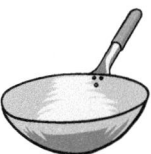

wok / kadai
i-wok /kadai

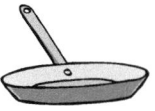

pánev
lipani

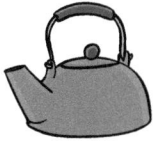

varná konvice
ligedlela

parní hrnec

i-steamer

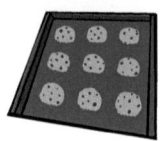

plech na pečení

lipani lekubhaka

nádobí

i-crockery

hrnek

imagi

miska

indishi

jídelní hůlky

tindvukwana tekujuba

naběračka

i-landle

obracečka

si-spatula

metla

i-whisk

síto

i-strainer

cedník

i-sieve

struhadlo

i-grater

hmoždíř

i-mortar

gril

i-barbecue

ohniště

umlilo lovulekile

prkénko na krájení

libhodi lekujuba kudla

váleček na těsto

i-rolling pin

vývrtka

i-corkscrew

dóza

likani

otvírák na konzervy

lithulusi lekuvala likani

chňapka

intfo yekubeka emabhodvo

umyvadlo

izinki

kartáč na nádobí

libhulashi

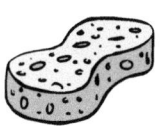

houba

sipontji

mixér

i-blender

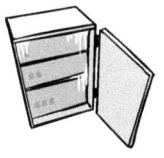

mrazák

i-deep freezer

dětská lahev

libhodlela lemntfwana

kohoutek

impompi

koupelna

likamelo lekugezela

topení
kwekutfutfumeta
ručník
lithawula
sprcha
i-shower
sprchový závěs
likhetheni le-shower
pěnová koupel
insipho yemagwebu
vana
impompi yelibhavu
sklenička
ligilasi
pračka
umshini wekuwasha
kohoutek
impompi
obkladačky
emathayili
nočník
i-potty
umyvadlo
izinki

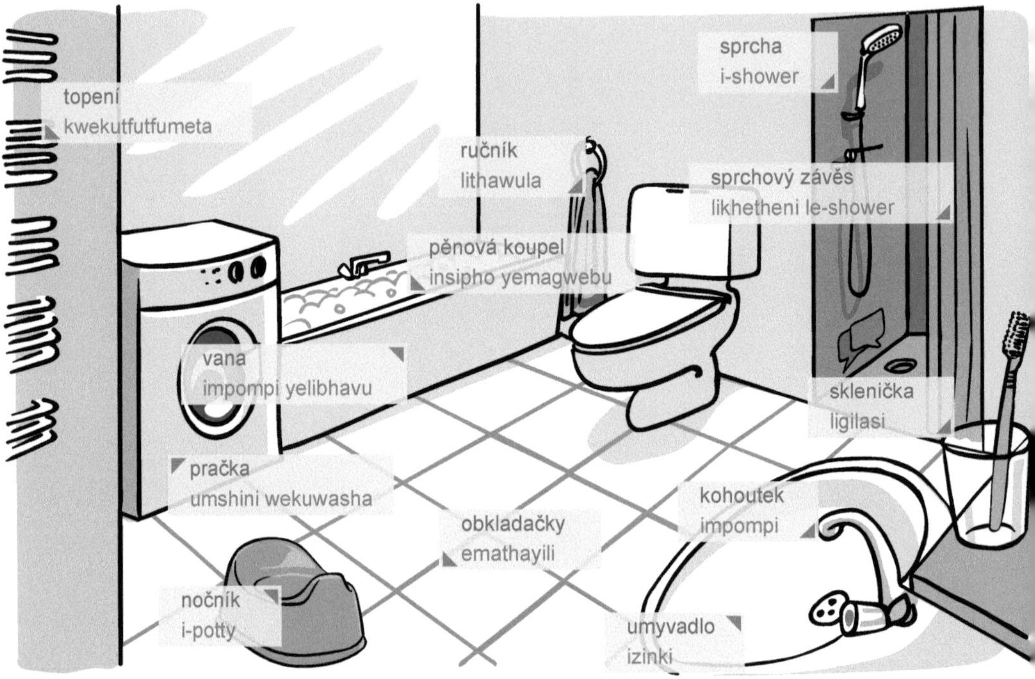

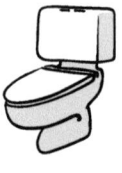

záchod

umthoyi

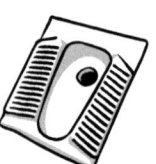

turecký záchod

libhodvo lemthoyi

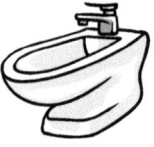

bidet

i-bidet

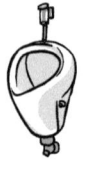

pisoár

umnchamo

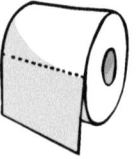

toaletní papír

ithishu

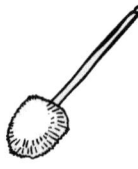

záchodová štětka

libhulashi lemthoyi

zubní kartáček

libhulashi lematinyo

zubní pasta

insipho yematinyo

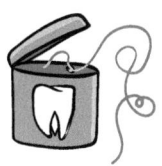

zubní niť

intsambo yekuhlanta ematinyo

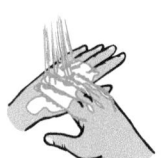

mýt

washa

ruční sprcha

liphayiphu le-shower lelibanjwa ngetandla

intimní sprcha

i-douche

umyvadlo

i-basin

kartáč na záda

libhulashi lemgogodla

mýdlo

insipho lecinile

sprchový gel

i-gel ye-shower

šampón

insipho yemagwebu

žínka

i-flannel

odpad

kwekuhambisa emanti

krém

i-cream

deodorant

emakha emakhwapha

zrcadlo

sibuko

kosmetické zrcátko

sibuko lesincane

holicí strojek

i-razor

pěna na holení

emagwebu ekushefa

voda po holení

kwegcobisa ngemuva
kwekushefa

hřeben

i-comb

kartáč

libhulashi

fén

kwekomisa tinwele

lak na vlasy

kwekufutsa tinwele

makeup

kwekutimomonya

rtěnka

i-lipstick

lak na nehty

pende wetingalo

vata

i-cotton wool

nůžky na nehty

sikelo setingalo

parfém

emakha

taška s toaletními potřebami

sikhwama setintfo tekugeza

stolička

situlo

váha

sikali sesisindvo

župan

kwekugcoka nawugeza

gumové rukavice

emagilavu e-rubber

tampón

i-tampon

dámská vložka

lithawula lekuhlanta

chemická toaleta

imitsi yekukolobha umthoyi

dětský pokoj
likamelo lemntfwana

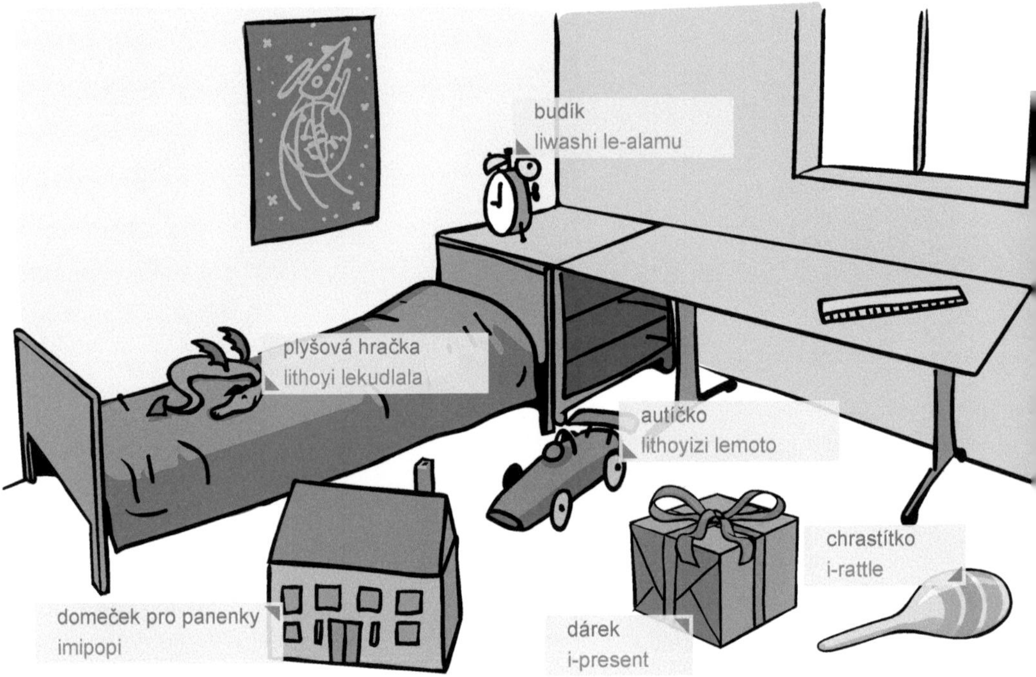
budík
liwashi le-alamu
plyšová hračka
lithoyi lekudlala
autíčko
lithoyizi lemoto
chrastítko
i-rattle
domeček pro panenky
imipopi
dárek
i-present

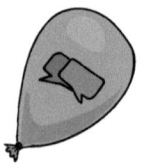

balón

ibhaluni

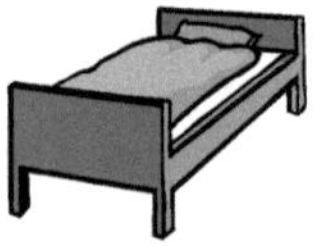

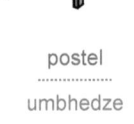

postel

umbhedze

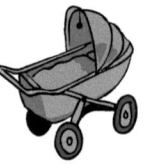

kočárek

ipram

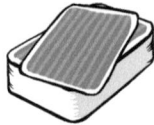

balíček karet

emakhadi ekudlala

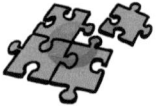

puzzle

i-jigsaw

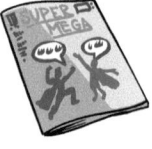

komiks

i-comic

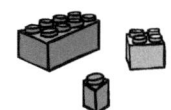

lego kostky

emabloko e-lego

stavebnice

emabloko ekwakha

akční figurka

i-actionfigure

dupačky

kukhula kwemntfwana

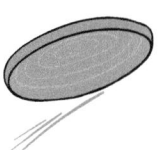

frisbee

i-frisbee

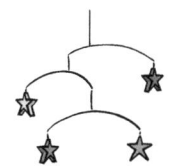

závěsné hračky nad
postýlku

i-mobile

desková hra

ibhodi yemdlalo

kostky

lidayisi

modelová železnice

isethi yemathoyizi etitimela

dudlík

i-dummy

oslava

i-party

obrázková kniha

incwadzi yetitfombe

míč

ibhola

panenka

nodoli

hrát si

dlala

pískoviště

umgodzi wemhlabatsi

houpačka

umjikeli

hračky

emathoyizi

hrací konzole

umshini wemdlalo wema-
video

tříkolka

masondvontsatfu

medvídek

umdoli welibhele

šatník

ihhodrobhu

oblečení
timphahla tekugcoka

ponožky

emakawosi

punčochy

ema-stockings

punčochové kalhoty

umtjopi

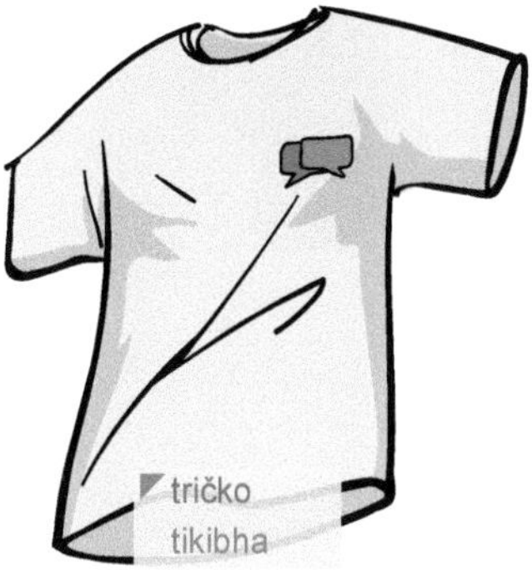

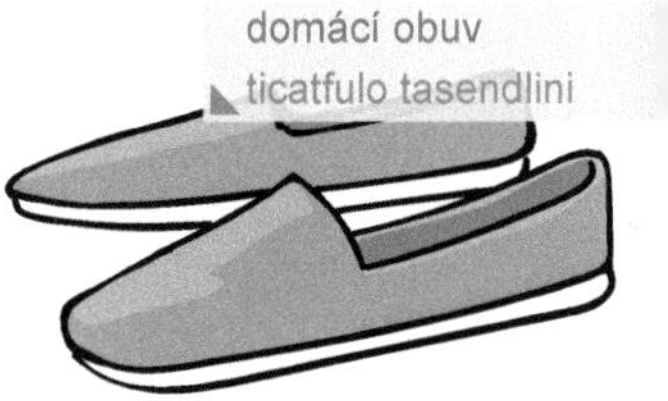

šála
sikafu

pásek
libhande

deštník
sambulelo

tričko
tikibha

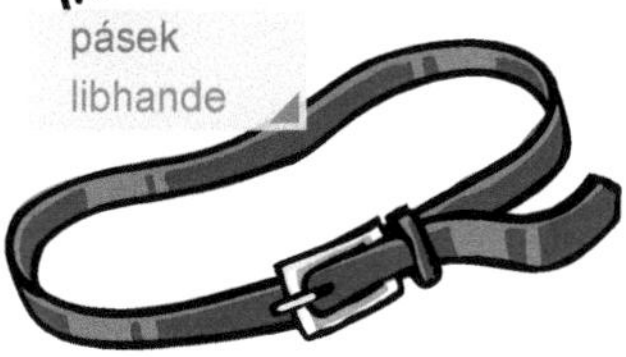

kozačky
emabhudzi

domácí obuv
ticatfulo tasendlini

tenisky
timphahla tekujima

sandály
tincabule

obuv
ticatfulo

holínky
emabhudzi emvula

spodní prádlo
emabhuluko angephansi

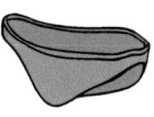

podprsenka
ibhodi

nátělník
i-vest

body

umtimba

kalhoty

emabhuluko

džíny

ibhokathi

sukně

sikedi

blůza

liblawosi

košile

liyembe

svetr

i-pullover

mikina

i-hoodie

blejzr

libhantji

bunda

silamba

kabát

lijazi

pláštěnka

lijazi lemvula

kostým

i-costume

šaty

lilogo

svatební šaty

likogo lemshado

oblek

isudi

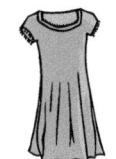

noční košile

i-gown yasebusuku

pyžamo

emabhijamu

sárí

i-sari

šátek na hlavu

sikafu

turban

i-turban

burka

i-burqa

kaftan

i-kaftan

abája

i-abaya

plavky

timphahla tekududa

pánské plavky

ema-anda

kraťasy

emabhuluko lamafishane

teplákováá souprava

i-treksudi

zástěra

liphinifa

rukavice

emaglavu

knoflík

inkinobho

brýle

tibuko

náramek

buhlalu

náhrdelník

umgaco

prsten

indandatho

náušnice

emacici

čepice

likepisi

ramínko

i-hanger yelijazi

klobouk

sigcoko

kravata

thayi

zip

iziphu

helma

sivikelo senhloko

kšandy

kwekusekela sitfo semtimba

školní uniforma

timphahla tesikolwa

uniforma

inyunifomu

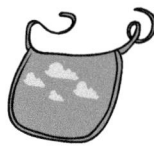

bryndák

i-bib

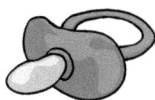

dudlík

i-dummy

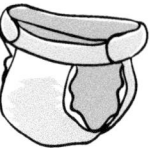

plena

linabukeli

kancelář
lihhovisi

server
i-server
kartotéka
likhabethe lemafayela
tiskárna
i-printer
papír
liphepha
monitor
i-monitor
psací stůl
lideski
myš
i-mouse
šanon
intfo yekugoca
klávesnice
i-keyboard
odpadkový koš na papír
libhakede lekulahla emaphepha
židle
situlo
počítač
ngconomshina

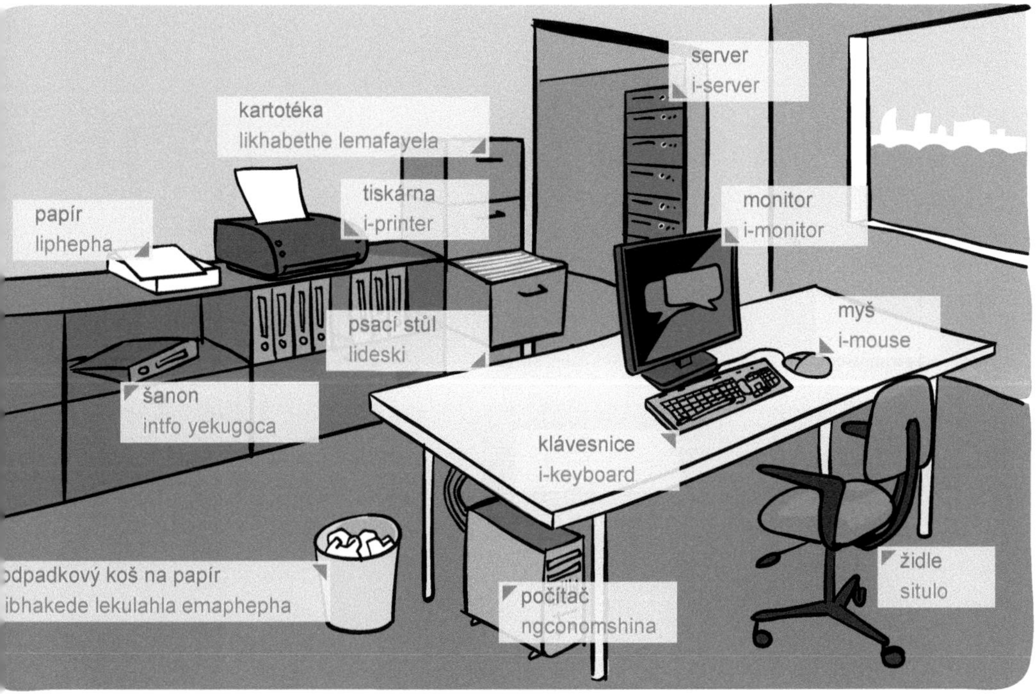

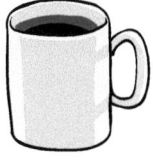

hrnek na kávu

likomishi lelikofi

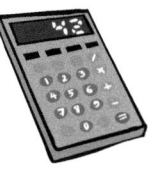

kalkulačka

i-calculator

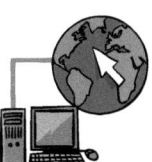

internet

i-inthanethi

notebook

i-laptop

dopis

incwadzi

zpráva

umlayeto

mobil

i-mobile

síť

i-network

kopírka

umshini wekwenta
emakhophi

software

i-software

telefon

lucingo

zásuvka

liplaliki lagesi

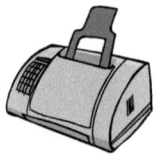

fax

umshini wekufeksa

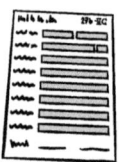

formulář

lifomu

dokument

liphepha

nakupovat
tsenga

zaplatit
bhadala

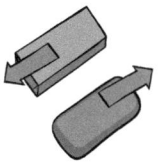

jednat
beka imali

peníze
imali

dolar
li-dollar

euro
li-euro

jen
li-yen

rubl
li-rouble

frank
i-Swiss franc

juan
i-renminbi yuan

rupie
i-rupee

bankomat
umshini wemali

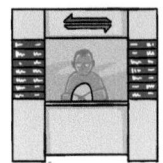

směnárna

i-bureau de change

zlato

ligolide

stříbro

lisiliva

olej

woyela

energie

emandla

cena

linani

smlouva

sivumelwano

daň

umtselo

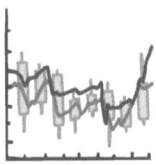

akcie

sitoko

pracovat

sebenta

zaměstnanec

sisebenti

zaměstnavatel

umcashi

továrna

ifemu

obchod

sitolo

povolání
tikhundla

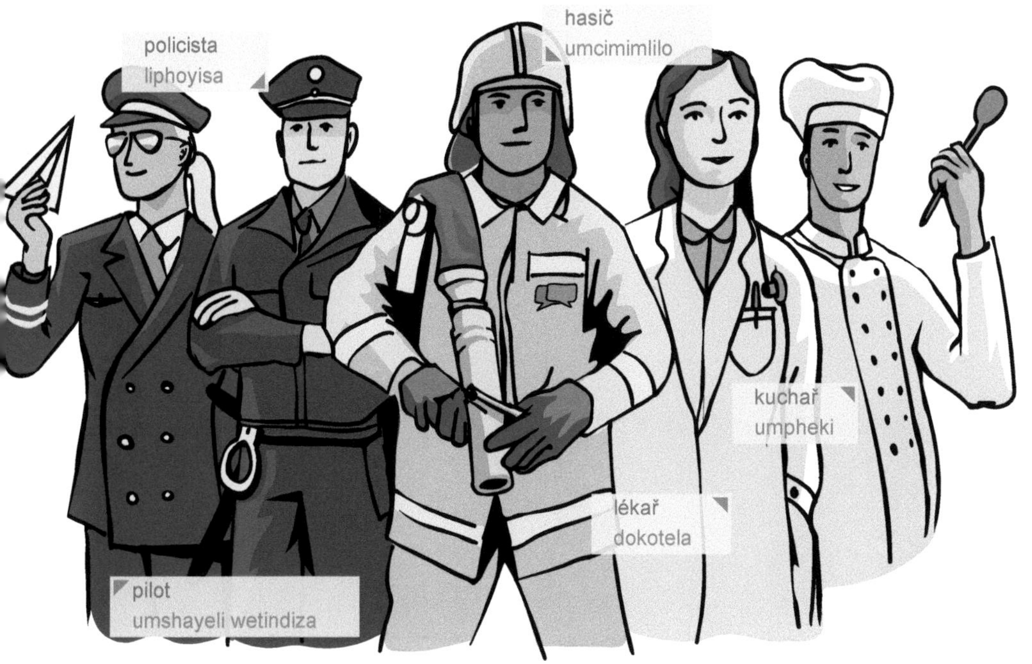
hasič
umcimimlilo
policista
liphoyisa
kuchař
umpheki
lékař
dokotela
pilot
umshayeli wetindiza

zahradník

losebenta engadzini

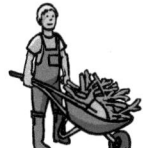

truhlář

ummbati

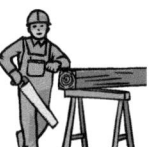

švadlena

umtfungi

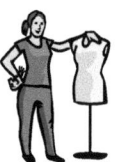

soudce

mehluleli

chemik

khemisi

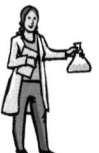

herec

umlingisi

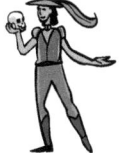

řidič autobusu

umshayeli webhasi

řidič taxi

umshayeli wekhumbi

rybář

umdvobi

uklízečka

limedi

pokrývač

umfuleli

číšník

waiter

myslivec

umtingeli

malíř

mapendani

pekař

umbhaki

elektrikář

gesana

stavební dělník

meselane

inženýr

sonjiniyela

řezník

umtsengisi wenyama

klempíř

somaphayiphi

listonoš

lohambisa liposi

voják

lisotja

architekt

umdvwebi wemapulani

pokladní

umtsengisi

florista

umtsengisi wetimbali

kadeřník

losebenta ngetinwele

průvodčí

umbhidisi

mechanik

mekhenikha

kapitán

kaputeni

zubař

dokotela wematinyo

vědec

sosayensi

rabín

rabi

imám

imam

mnich

monk

duchovní

umfundisi

nářadí
emathulusi

kladivo
lihhamela
šroubovák
skurudrava
kleště
lidlawu
klíč
spanela
kapesní svítilna
lithoshi

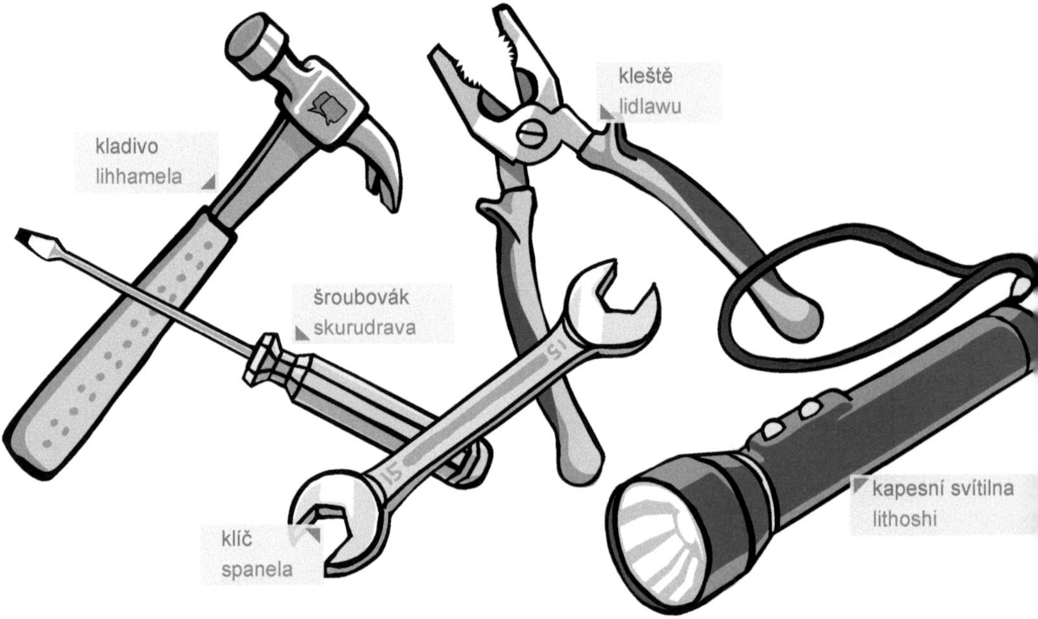

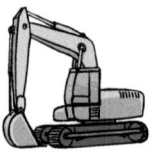

bagr
lifosholo

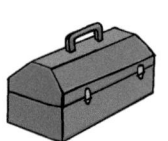

skříň na nářadí
libhokisi lemathulusi

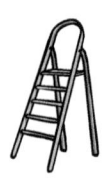

žebřík
lilele

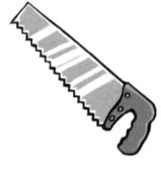

pila
lisaha

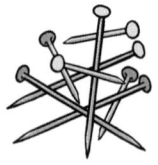

hřebíky
tipikili

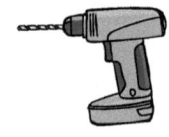

vrtačka
umshini wekwenta timbobo

opravit

lungisa

lopata

lifosholo

Kurva!

i-Damni!

lopatka

lipani lekuwola tibi

vědroé na barvu

likani lapende

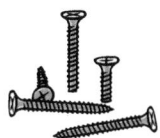

šrouby

tikruzi

hudební nástroje
insimbi yemculo

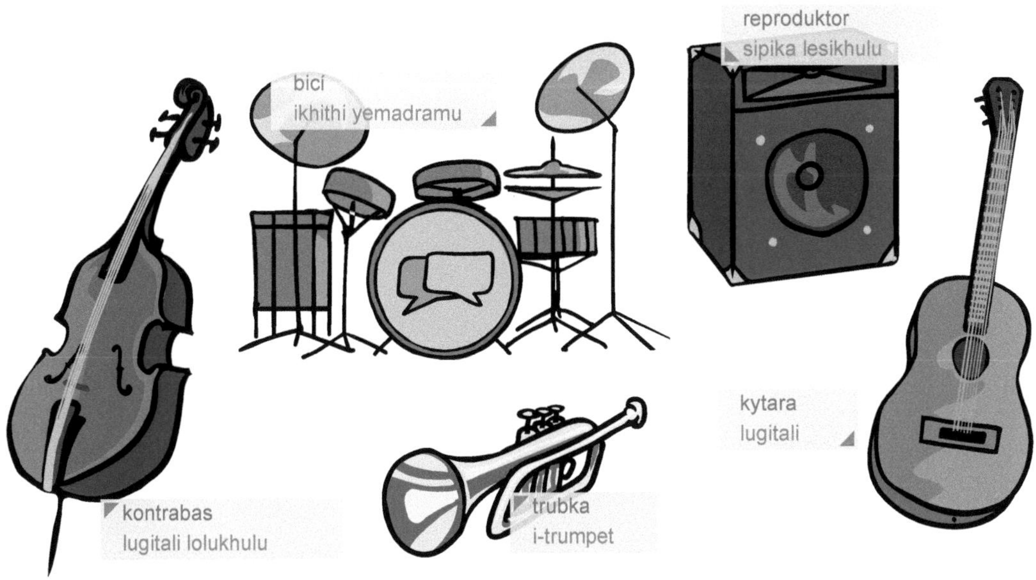

bicí
ikhithi yemadramu

reproduktor
sipika lesikhulu

kontrabas
lugitali lolukhulu

trubka
i-trumpet

kytara
lugitali

klavír

i-piano

housle

ivayolini

basa

ibhesi

tympán

i-timpani

bubny

emadramu

keyboard

i-keyboard

saxofon

i-saxohone

flétna

ifluthi

mikrofon

umbhobho

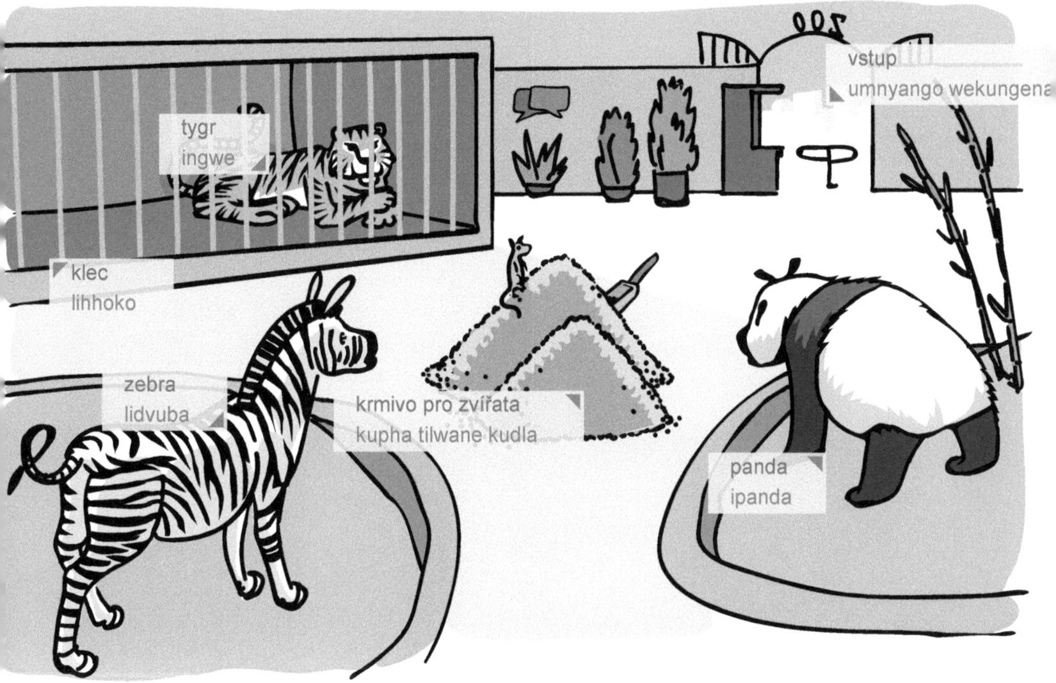

tygr
ingwe

vstup
umnyango wekungena

klec
lihhoko

zebra
lidvuba

krmivo pro zvířata
kupha tilwane kudla

panda
ipanda

zvířata

tilwane

slon

indlovu

klokan

ikangaru

nosorožec

bhejane

gorila

igorila

medvěd

libhele

velbloud

likamela

pštros

i-ostrishi

lev

libhubesi

opice

imfene

plameňák

i-flamingo

papoušek

iparoti

lední medvěd

libhele

tučňák

iphejini

žralok

shaka

páv

iphigogo

had

inyoka

krokodýl

ingwenya

ošetřovatel zvířat

umgcini tilwane

tuleň

isili

jaguár

i-jaguar

poník

poni

leopard

ingwe

hroch

imvubu

žirafa

indlulamitsi

orel

lusweti

divoké prase

ingulube yesiganga

ryby

imfishi

želva

lifundvu

mrož

i-warasi

liška

jakalazi

gazela

inyamatane

americký fotbal
libhola letinyawo laseMelika

cyklistika
umdlalo wemabhayisikili

tenis
itenesi

košíková
i-basketball

plavání
kududa

box
umdlalo wetibhakela

lední hokej
umdlalo waselichweni

kopaná

libhola letinyawo

badminton

i-badminton

lehká atletika

tingijimi

házená

libhola letandla

běh na lyžích

umdlalo wekuntjuza

vodní pólo

i-polo

aktivity
imisebenti

smát se
hleka
skočit
gcuma
objímat
gona
jít
hamba
zpívat
hlabela
snít
liphupho
modlit se
thantaza
políbit
cabuza

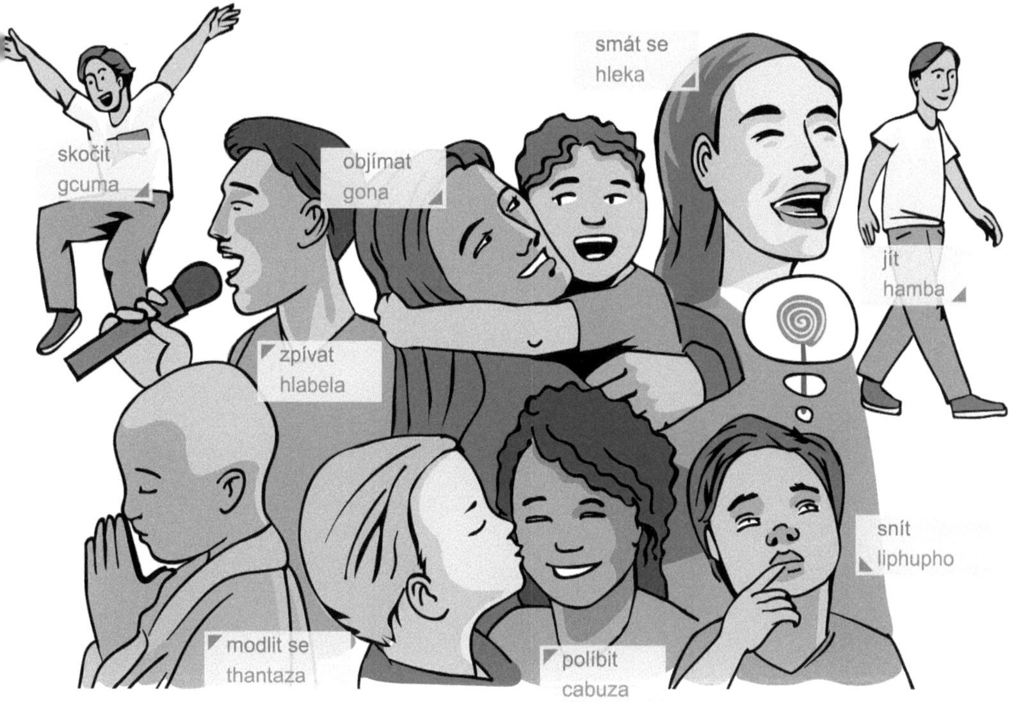

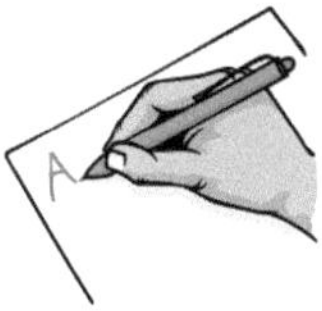

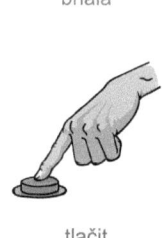

psát
bhala

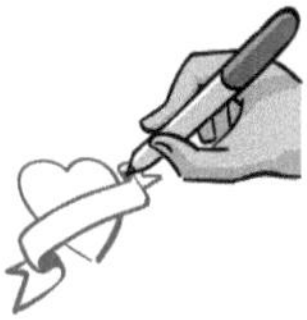

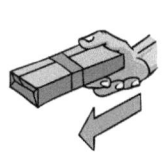

kreslit
tsatsa

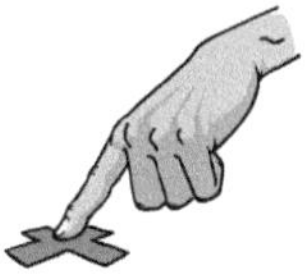

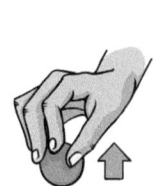

ukazovat
khombisa

tlačit
fuca

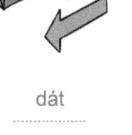

dát
nika

vzít si
tsatsa

mít

tsatsa

dělat

yenta

být

be

stát

sukuma

běhat

gijima

táhnout

dvonsa

hodit

jika

padat

wani

ležet

cala emanga

čekat

mani

nosit

tsatsa

sedět

hlala

oblékat

yembatsa

spát

lala

vzbudit se

vuka

prohlédnout si

buka

plakat

khala

pohladit

shaya

česat

kama

hovořit

khuluma

rozumět

condza

ptát se

buta

slyšet

lalela

pít

natsa

jíst

dlani

uklidit

gcogca

milovat

tsandza

vařit

pheka

jet

shayela

letět

ndiza

plachtit

ntjuza

počítat

bala

číst

fundza

učit se

fundza

pracovat

sebenta

vzít si

shada

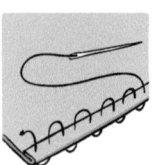

šít

tfunga

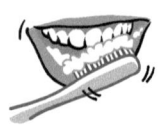

čistit si zuby

kugeza ematinyo

zabít

bulala

kouřit

bhema

poslat

tfumela

babička
gogo

dědeček
mkhulu

otec
babe

matka
make

dítě
umntfwana

dcera
indvodzakati

syn
indvodzana

host

sivakashi

teta

anti

strýc

malume

bratr

umnaketfu

sestra

sisi

tělo

umtimba

čelo
siphongo
oko
liso
rameno
lihlombe
prst
umuno
obličej
buso
brada
silevu
ruka
sandla
dolní končetina
umbala
hruď
libele
paže
umkhono

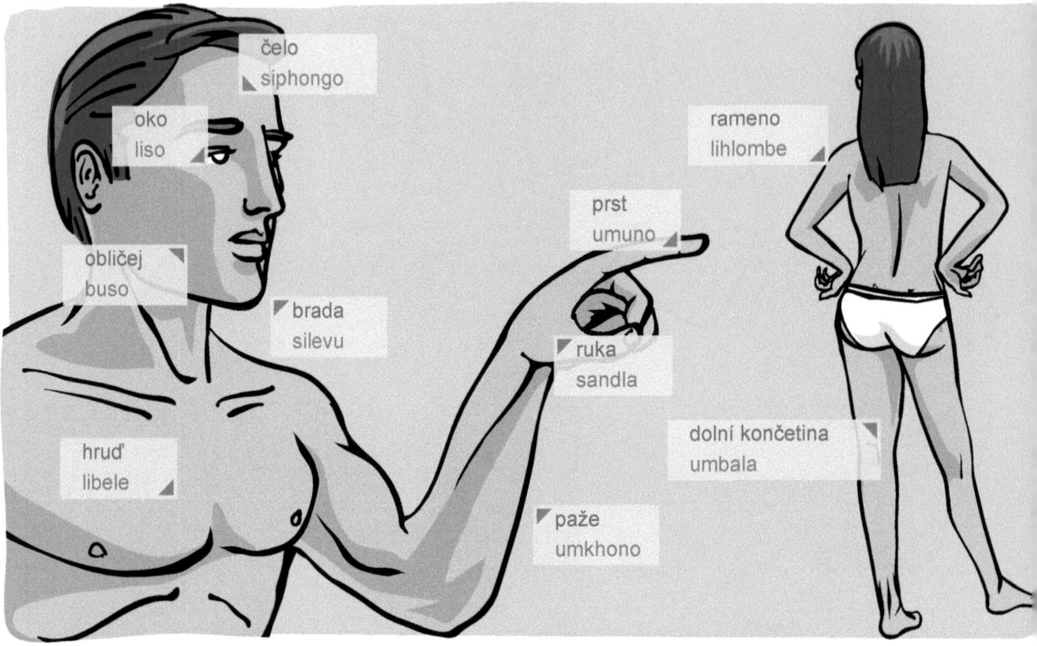

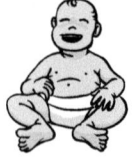

dítě

umntfwana

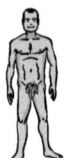

muž

indvodza

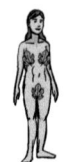

žena

umfati

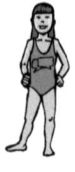

dívka

intfombatane

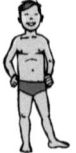

chlapec

umfana

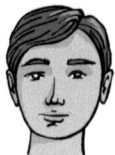

hlava

inhloko

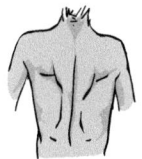

záda

emuva

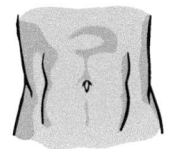

břicho

umkhatjana

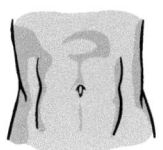

pupík

sibhono

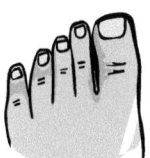

prst na noze

luzwane

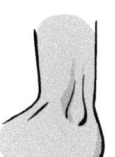

pata

sitsendze

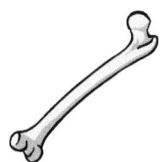

kost

litsambo

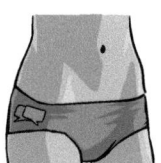

bok

litsanga

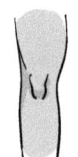

koleno

lidvolo

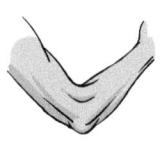

loket

ingcosa

nos

imphumulo

zadek

entansi

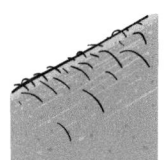

kůže

sikhumba

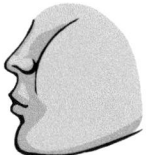

tvář

sihlatsi

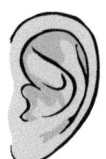

ucho

indlebe

ret

indzebe

ústa
umlomo

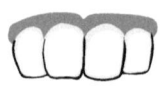

zub
litinyo

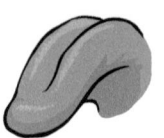

jazyk
lilimi

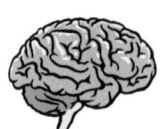

mozek
bucopho

srdce
inhlitiyo

sval
umsipha

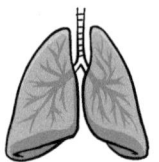

plíce
liphaphu

játra
sibindzi

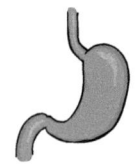

žaludek
sisu

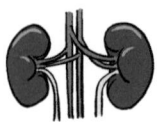

ledviny
tinso

pohlavní styk
kulalana

kondom
lijazi lemkhwenyana

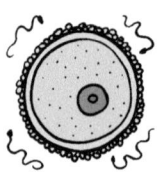

vajíčko
licandza lentalo

sperma
sidvodza

těhotenství
kukhulelwa

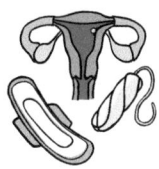

menstruace

kuya esikhatsini

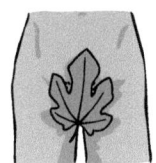

vagina

ligolo

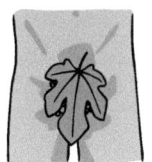

penis

umpipi

obočí

inkhophe

vlasy

lunwele

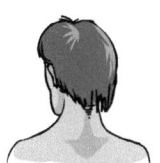

krk

intsamo

nemocnice
sibhedlela

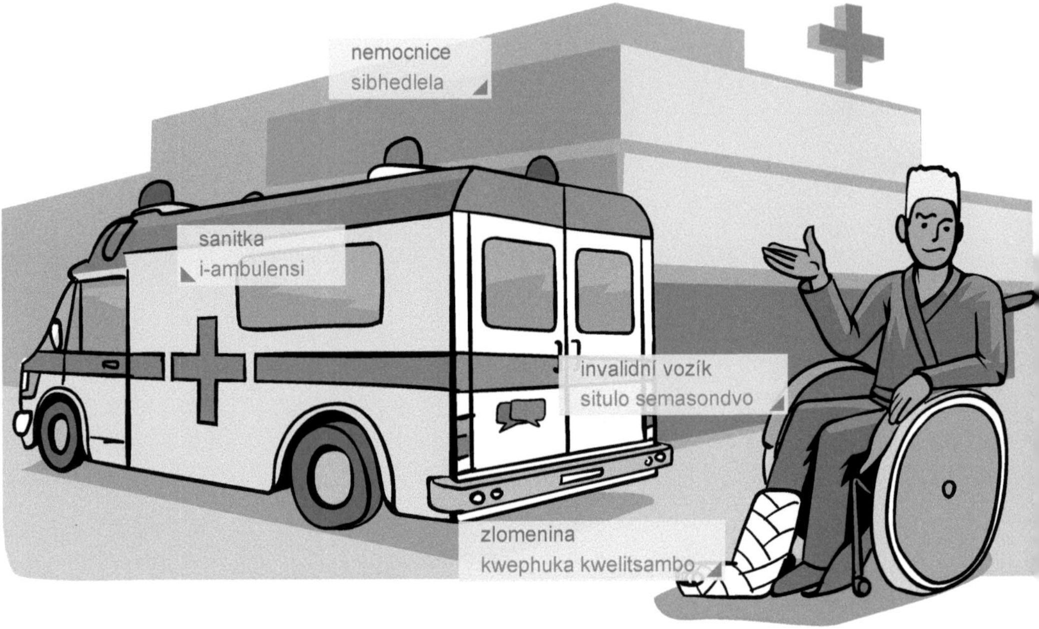

nemocnice
sibhedlela
sanitka
i-ambulensi
invalidní vozík
situlo semasondvo
zlomenina
kwephuka kwelitsambo

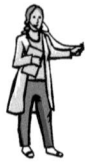

lékař

dokotela

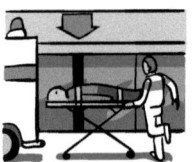

pohotovost

ligumbi letimo letiphutfumako

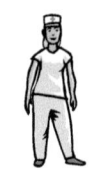

zdravotní sestra

nesi

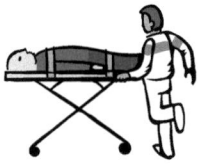

urgentní případ

simo lesiphutfumako

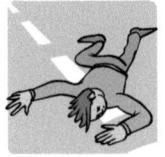

v bezvědomí

kucaleka

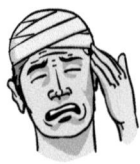

bolest

buhlungu

úraz

kulimala

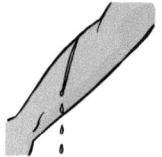

krvácení

kopha

infarkt myokardu

kuhlaselwa sifo senhlitiyo

cévní mozková příhoda

kufa luhlangotsi

alergie

i-aleji

kašel

kukhwehlela

horečka

kushisa

chřipka

umkhuhlane

průjem

kusheka

bolest hlavy

kubulawa yinhloko

rakovina

umdlavuza

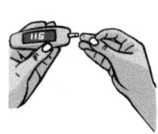

cukrovka

kuba nashukela

chirurg

dokotela

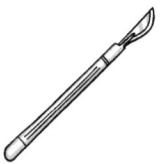

skalpel

umukhwa wekusika
wabodokotela

operace

kusikwa

CT

i-CT

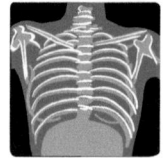

rentgen

i-x ray

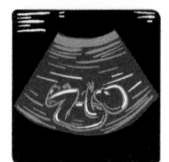

ultrazvuk

umsindvo

maska

sifonyo

nemoc

sifo

čekárna

ligumbi lekulindza

berle

indvuku yekuhamba

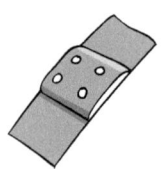

náplast

i-plaster

obvaz

ibhandishi

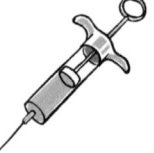

injekce

umjovo

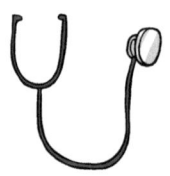

stetoskop

lithulusi labodokotela
lekulalela inhlitiyo

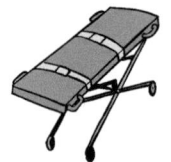

nosítka

luhlaka

teploměr

kwekuhlola lizinga lemuntfu
lekushisa

porod

kutalwa

nadváha

kunona kakhulu

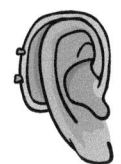

naslouchátko

tinsita tekuva etindlebeni

dezinfekční prostředek

sibulali magciwane

infekce

kwesuleleka ngesifo

virus

ligciwane

HIV / AIDS

i-HIV / AIDS

lékařství

umutsi

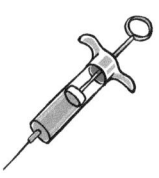

očkování

kugoma

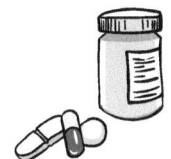

tablety

emaphilisi

pilulka

liphilisi

tísňové volání

lucingo loluphutfumako

tonometr

sicaphi semfutfo wengati

nemocný / zdravý

gula / umcemane

Pomoc!

Lusito!

poplach

i-alamu

přepadení

kuhlukumeta

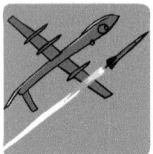

napadení

kuhlasela

nebezpečí

ingoti

nouzový východ

umnyango wekuphuma
nakuphutfuma

Hoří!

Umlilo

hasicí přístroj

sicishamlilo

nehoda

ingoti

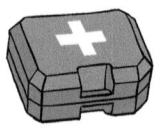

zdravotnická brašna

ikhidi yelusito lwekucala

SOS

SOS

policie

emaphoyisa

Evropa

i-Europe

Severní Amerika

iNyakatfo YeMelika

Jižní Amerika

iNingizimu YeMelika

Afrika

i-Afrika

Asie

i-Asia

Austrálie

i-Australia

Atlantik

i-Atlantic

Pacifik

i-Pacific

Indický oceán

i-Idian Ocean

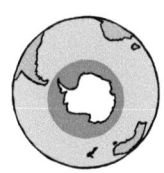

Jižní ledový oceán

i-Antarctic Ocean

Severní ledový oceán

i-Arctic Ocean

severní pól

Ligumbi laseNyakatfo

jižní pól
....
Ligumbi laseNingizimu

Antarktida
....
iAntarctica

země
....
Umhlaba

pevnina
....
indzawo

moře
....
lwandle

ostrov
....
sichingi

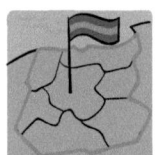

národ
....
sive

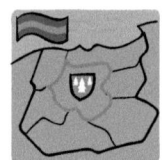

stát
....
umbuso

ciferník

buso beliwashi

hodinová ručička

li-awa

minutová ručička

imizuzu

vteřinová ručička

imizuzwana

Kolik je hodin?

sikhatsi sini nyalo?

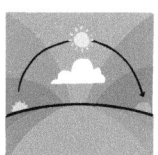

den

lusuku

čas

sikhatsi

teď

nyalo

digitální hodinky

liwashi lesimanjemanje

minuta

umzuzu

hodina

li-awa

pondělí
Umsombuluko — MO

W — středa
Lesitsatfu

pátek
Lesihlanu

TU

TH

FR

SA

úterý
Lesibili

sobota
Umgcibelo

SO

čtvrtek
Lesine

neděle
Lisontfo

včera	dnes	zítra
itolo	lamuhla	kusasa
ráno	poledne	večer
ekuseni	emini	entsambama
pracovní dny	víkend	
emalanga emsebenti	imphelasontfo	

rok
umnyaka

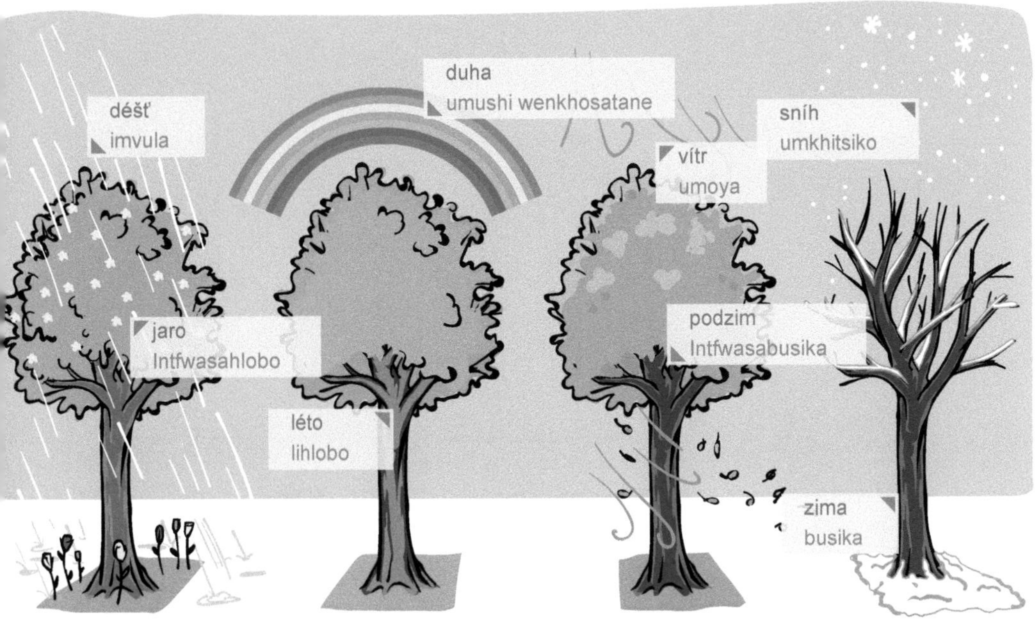
déšť
imvula
duha
umushi wenkhosatane
sníh
umkhitsiko
vítr
umoya
jaro
Intfwasahlobo
léto
lihlobo
podzim
Intfwasabusika
zima
busika

4.APRIL 11°
5.APRIL 4°
6.APRIL 13°
7.APRIL 8°
8.APRIL 10°

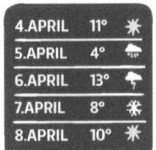

předpověď počasí

simo selitulo

F
C
120
90
60
30
0
-30
40
30
20
10
0
-10
-20

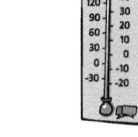

teploměr

kwekuhlola lizinga lekushisa

sluneční svit

kubalela

mrak

emafu

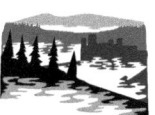

mlha

inkhungu

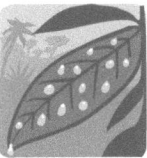

vlhkost

umswakamo

blesk

umbane

hrom

umbane

bouřka

kudvuma lobunebungoti

kroupy

sangcotfo

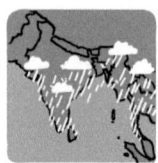

monzun

inyeti

povodeň

tikhukhula

led

lichwa

leden

Bhimbidvwane

únor

Indlovana

březen

Indlovulenkhulu

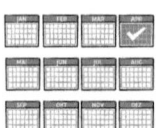

duben

Mabasa

květen

Inkhwenkhweti

červen

Inhlaba

červenec

Kholwane

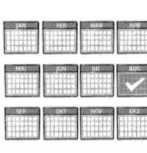

srpen

Ingci

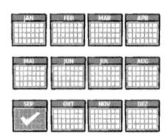

září
....
Inyoni

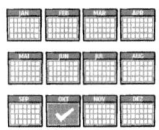

říjen
....
Imphala

listopad
....
Lweti

prosinec
....
Ingongoni

tvary
kubumbeka kwetintfo

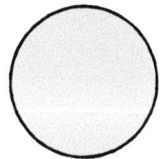

kruh
....
indingiliza

čtverec
....
sikwele

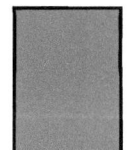

obdélník
....
umdvwebo lonetinhlangotsi
letindze letilinganako

trojúhelník
....
ncantsatfu

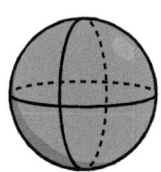

koule
....
i-sphere

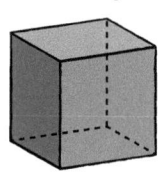

krychle
....
ikhiyubhu

bílá
....
kumhlophe

žlutá
....
phuti

oranžová
....
sheli

růžová
....
kupinki

červená
....
kubovu

fialová
....
kunsomi

modrá
....
luhlata

zelená
....
luhlata njengetjani

hnědá
....
loku-brown

šedá
....
mtfubi

černá
....
mnyama

hodně / málo

kunyenti / kuncane

rozzuřený / mírumilovný

kutfukutsela / kwehlisa
umoya

krásný / ošklivý

buhle / bubi

začátek / konec

sicalo / siphetfo

velký / malý

bukhulu / buncane

světlý / tmavý

kukhanya / bumnyama

bratr / sestra

bhuti / sisi

čistý / špinavý

kuhloba / kungcola

úplný / neúplný

kuphelela / kungapheleli

den / noc

imi / busuku

mrtvý / živý

kufa / kuphila

široký / úzký

kubanti / kuncane

jedlý / nejedlý

lokudliwako / lokungadliwa

zlý / hodný

inhlitiyo lembi / umusa

vzrušený / znuděný

kutsakasa / kudvumala

tlustý / hubený

sidudla / umcondvo

nejdříve / naposledy

kwekucala / kwekugcina

přítel / nepřítel

umngani / sitsa

plný / prázdný

kugcwala / kute lutfo

tvrdý / měkký

kucina / kutsamba

těžký / lehký

kusindza / kulula

hlad / žízeň

kulamba / koma

nemocný / zdravý

gula / umcemane

ilegální / legální

kungabi semtsetfweni /
kuba semtsetfweni

inteligentní / hloupý

kuhlakanipha / bulima

vlevo / vpravo

sencele / sekudla

blízko / daleko

dvutane / khashane

nový / použitý

lokusha / lokudzala

nic / něco

kute lutfo / kunalokutsite

starý / mladý

budzala / busha

zapnutý / vypnutý

kuyasebenta / akusebenti

otevřeno / zavřeno

kuvulekile / kuvalekile

tichý / hlasitý

kuthula / umsindvo

bohatý / chudý

kunjinga / kuphuya

správný / špatný

kulungile / akukalungi

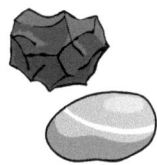

drsný / hladký

kuyahhedla / kuyashelela

smutný / šťastný

kuva buhlungu / kujabula

krátký / dlouhý

kufishane / kudze

pomalý / rychlý

kunwabuka / kushesha

vlhký / suchý

kumanti / komile

teplý / chladný

kufutfumele / kusivuvu

válka / mír

imphi / kuthula

0

nula

indilinga

1

jedna

kunye

2

dva

kubili

3

tři

kutsatfu

4

čtyři

kune

5

pět

sihlanu

6

šest

sitfupha

7

sedm

sikhombisa

8

osm

siphohlongo

9

devět

yimfica

10

deset

lishumi

11

jedenáct

lishumi nakunye

12

dvanáct

lishumi nakubili

13

třináct

lishumi nakutsatfu

14

čtrnáct

lishumi nakune

15

patnáct

lishumi nesihlanu

16

šestnáct

lishumi nesitfupha

17

sedmnáct

lishumi nesikhombisa

18

osmnáct

lishumi nesiphohlongo

19

devatenáct

lishumi nemfica

20

dvacet

emashumi lamabili

100

sto

likhulu

1.000

tisíc

inkhulungwane

1.000.000

milion

sigidzi

angličtina

Singisi

americká angličtina

Singisi saseMelika

standardní čínština

SiMandarini seseShayina

hindština

SiHindi

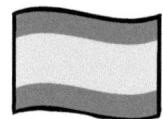

španělština

Sipanishi

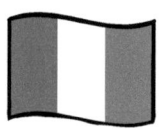

francouzština

SiFulentji

arabština

Si-Arabu

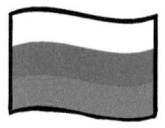

ruština

SiRashiya

portugalština

SiPhuthukezi

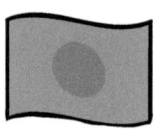

bengálština

SiBhengali

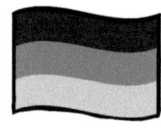

němčina

SiJalimane

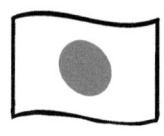

japonština

SiJapane

já

Mine

ty

wena

on / ona / ono

yena / yona

my

tsine

vy

nine

oni

bona

Kdo?

bani?

Co?

ini?

Jak?

njani?

Kde?

kuphi?

Kdy?

nini?

jméno

libito

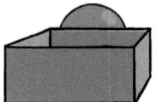

za
....
ngemuva

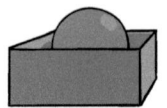

do
....
ekhatsi

z
....
embi kwe

nad
....
ngenhla

na
....
etulu

mezi
....
ngephansi

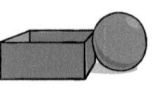

vedle
....
eceleni

mezi
....
emkhatsini

místo
....
indzawo